Mit Kindern szenisch spielen

Lehrer-Bücherei: Grundschule

Herausgegeben von
Horst Bartnitzky und Reinhold Christiani

Bernhard Thurn

Mit Kindern szenisch spielen

●

Spielfähigkeiten entwickeln

●

Pantomimen,
Stegreif- und Textspiele

●

Von der Idee zur Aufführung

Die Zeichnungen hat Thomas Thurn angefertigt,
die Fotos stammen von Peter Wolf.

Die Deutsche Bibliothek – CIP-Einheitsaufnahme

Thurn, Bernhard:
Mit Kindern szenisch spielen / Bernhard Thurn. – 1. Aufl. – Frankfurt am Main:
Cornelsen Scriptor, 1992
    (Lehrer-Bücherei: Grundschule)
    ISBN 3-589-05025-X

6.	5.	4.	3.	2.	Die letzten Ziffern bezeichnen
2000	99	98	97	96	Zahl und Jahr des Drucks.

© 1992 Cornelsen Verlag Scriptor GmbH & Co., Berlin
Umschlaggestaltung: Dietrich Kahnert, Berlin
Satz: Computersatz Bonn GmbH, Bonn
Druck und Bindearbeiten: Clausen & Bosse GmbH, Leck
Printed in Germany
ISBN 3-589-05025-X
Bestellnummer 50250

Inhalt

Einleitung

Das szenische Spiel hat in der Grundschule seinen festen Platz, am häufigsten in der Form kleiner Aufführungen zu allen möglichen Schulanlässen, aber auch als unterrichtsbezogenes Rollenspiel. Wenn hier vom „szenischen Spiel mit Kindern" die Rede ist, soll damit keine Abgrenzung gegenüber den Bezeichnungen „Darstellendes Spiel" oder „Theaterspielen in der Schule" verbunden sein. Deutlicher wird allerdings auf die breite Palette der Spielformen und auf die Prozeßorientierung verwiesen.

Wenn Rollenspiele in der Praxis scheitern oder Aufführungen zwar wohlwollend beklatscht werden, bei näherem Hinsehen aber wenig eindrucksvoll erscheinen, liegt die Vermutung nahe, daß die Kinder überfordert wurden. Den als Spielleiter/innen agierenden Lehrern und Lehrerinnen stellt sich die Frage, wie die Spielfähigkeit der Kinder verbessert werden könnte. Darauf versucht das vorliegende Buch Antworten zu geben. Szenisches Spielen kann und muß gelernt werden, wenn sich Spontaneität und Kreativität, Körperlichkeit und Sprache entfalten sollen. Dies gilt auch für alle Formen des Stegreifspiels, das in seinem Anspruch häufig leicht unterschätzt wird. Das etymologische Wörterbuch gibt Auskunft über die Bedeutung des Wortes „Stegreif". Danach bezeichnete es ursprünglich eine Riemenschlinge im Sattel. Die Bezeichnung „aus dem Stegreif" geht auf das 17. Jh. zurück und meinte, etwas „im Steigbügel stehend", also rasch und ohne abzusteigen, zu tun. Bezogen auf darstellendes Spiel heißt dies: ohne festen Halt, d. h. ohne Textgrundlage und ohne vorher festgelegten Ablauf unter Verzicht auf jede Vorbereitung zu spielen. Das ist der Anspruch und zugleich die hohe Schule. Aber: Wem gelingt es tatsächlich, solche Situationen zu meistern? Wohl nur dem, der viel Erfahrung hat und sich an ähnliche Spielzusammenhänge erinnern kann, also über ein Repertoire an spielerischen Sprach- und Verhaltensmustern verfügt. Bei Amateuren und bei Kindern ist dies in der Regel nicht der Fall. Der Zwang, in der Situation bestehen zu müssen, führt allzuleicht zum Mißlingen und in der Folge eher zur Vermeidenshaltung als zum Wunsch, sich weiterhin zu erproben. Ich plädiere daher zwar für das Abenteuer „Stegreifspiel", aber nicht für das unkalkulierbare Risiko eines Hineinstolperns in überfordernde Spielsituationen. Mit zunehmender Erfahrung lassen sich die Anforderungen steigern, und spielerprobte Kinder werden in spontanen Rollenspielen wie in selbstverfertigten oder fremden Textspielen bestehen können.

Die praktischen Vorschläge enthalten zunächst 8 Einheiten „Spieltraining", die – als Doppelstunden konzipiert – in einem thematischen Zusammenhang stehen und sukzessive in die einzelnen Spielformen einführen, die den Bereichen der Pantomime und der Stegreifspiele entstammen. Die Zusammenstellung versucht, einen Aufbau von einfacheren zu komplexeren Spielformen zu realisieren, gleichzeitig aber ein relativ beliebiges Neben- und Nacheinander unterschiedlicher Etüden zu vermeiden. So wurde mit dem „Flug zu einem fernen Planeten" ein für die Kinder abenteuerlicher und (hoffentlich) motivierender Sinnzusammenhang erstellt, der die einzelnen Spielformen fast zwingend hervorbringt. Wo eine sprachliche Verständigung zwischen Lebewesen nicht möglich ist, muß man zwangsläufig zu gestischen Mitteln greifen; die Einführung der Pantomime liegt nahe. Freilich dürfen die einzelnen Spielformen – und mögen sie noch so kurz sein – nicht dem Ganzen geopfert werden; sie bleiben Formen kindlichen Theaters, die in Mitspielern und/oder im Spielleiter ihre Zuschauer und in Nachbesprechungen ihre Würdigung finden, für die Verbesserungsmöglichkeiten aufgegriffen und Wiederholungen eingebaut werden.

Bewußt wird auf alle Ingredienzen verzichtet. Außer unserer gedanklichen ist nur wenig Vorbereitung im Sinne von Materialbeschaffung notwendig. Bei einigen Spielen werden Impulse durch Karten mit Bildern oder Begriffen gegeben. Die kleine Mühe der Vorbereitung lohnt sich, wenn man die Karten so gestaltet, daß sie wiederholt verwendbar sind. Zur Arbeitserleichterung sind in diesem Buch im Anhang ab S. 117 entsprechende Kopiervorlagen als Vorschlag abgedruckt. Auf längere Sicht empfiehlt sich die Anlage einer Kartei.

Was wir sonst brauchen, ist lediglich ein Raum, der nicht zu klein und nicht durch zu viele Möbel (Schülertische) verstellt sein sollte. In diesem Raum befinden wir uns als Spielleiter, unsere Kinder – und die Phantasie: das genügt! Freilich kann auch die Bereitstellung einer Verkleidungskiste bei einzelnen Spielformen unterstützend wirken; notwendig ist sie nicht, und es ist darauf zu achten, daß äußere Zutaten nur Hilfsfunktion haben und niemals vom Innern des Spiels ablenken dürfen.

Zu warnen ist vor einer ungeprüften Nachahmung der Vorschläge. Jede Spielgruppe hat ihr spezifisches Profil, jeder Spielleiter, jede Spielleiterin hat eigene Vorerfahrungen und oft persönlichkeitsbezogene Verhaltensweisen im Umgang mit Kindern. Auf solche jeweils gegebenen Besonderheiten hin sind die hier unterbreiteten Vorschläge zu sichten. Zu empfehlen ist die Beibehaltung eines übergreifenden Zusammenhangs – wie immer er sich auch darstellen kann – sowie der Stufung der Spielformen, sofern man sich für eine zusammenhängende „Unterrichts"-Reihe entscheiden möchte. Sie läßt sich in Form von offenen Angeboten oder Arbeitsgemeinschaften, aber auch im Unterricht mit der ganzen Klasse, besser mit einer Teilgruppe durchführen.

Für Lehrkräfte, die an ihren Schulen Formen des darstellenden Spiels zwar aufgreifen, aber nicht in einer kontinuierlichen Weise thematisieren können oder wollen, bietet sich das Buch als „Steinbruch" an. Dazu sind im Anschluß an jede Spieleinheit eine Reihe von alternativen oder weiterführenden Vorschlägen zu den einzelnen Spielformen aufgelistet. Anzuraten ist aber auch solchen Benutzern, nicht unvermittelt komplexe Spielformen von ihren Schülern abzuverlangen, sondern ihnen einen behutsamen Zugang zu ermöglichen. Eine Orientierung an der Abfolge der einzelnen Spieleinheiten kann dabei behilflich sein.

Schließlich können auch für projektorientierte Vorhaben Hilfen entnommen werden. Projektbeschreibungen sind zwar nicht enthalten, doch verlangen Spiele, die als Projektziel angestrebt werden, über die thematische Vorbereitung hinaus die Hinführung zum Theaterspielen an sich, die durch das Angebot verschiedener Kleinformen unter Herstellung des thematischen Bezugs geleistet werden kann.

Die weiteren Kapitel enthalten Hinweise und Vorschläge für die Durchführung textbezogener Spiele bis hin zur großen Aufführung. Dabei handelt es sich in erster Linie um methodische Anregungen, die wie ein Leitfaden bei der Vorbereitung und Durchführung solch umfangreicher Vorhaben helfen mögen.

Die Spielvorschläge sind vor allem auf Kinder des dritten und vierten Schuljahres bezogen. Es entspricht der praktischen Erfahrung, daß Kinder dieser Jahrgangsstufen zur Umsetzung differenzierterer szenischer Spiele in der Lage sind. Das schließt nicht aus, daß auch jüngere Schüler Zugänge finden können, und einzelne Spielvorschläge auch für sie brauchbar sind. Das ist jeweils im Einzelfall sorgfältig zu prüfen. Das Schwergewicht liegt aber auf den oberen Altersjahrgängen der Grundschule. Eine umfangreiche entwicklungspsychologische Begründung mag man mir hier ersparen, zumal sie niemals generalisierende Spielaltersstufen beschreiben könnte; die praktischen Erfahrungen sprechen jedenfalls für die vorgeschlagene Verortung. Schulanfängern bis zur zweiten Klasse sollte man eher Vor- und Übergangsformen zum szenischen Spiel anbieten, wie sie in Tänzen und in Bewegungs- und Spielliedern zu finden sind. Dieser große, eigenständige Bereich ist hier ausgeklammert, da er mit Theater in Form des kindlichen szenischen Spiels noch wenig zu tun hat.

Noch ein Wort zu der Vielzahl der vorgestellten Kleinformen szenischen Spiels: Es ist – angesichts der wachsenden Zahl unterschiedlichster Spielesammlungen – schier unmöglich, Spiele zu erklären, die nicht irgendwo schon berücksichtigt wären. Einander ähnelnde Spiele finden sich in allen Zusammenstellungen, oft in variierender Ausformung. Einige kommen aus eigener Feder hinzu, andere sind übernommen und wieder andere verändert. Es ist daher nicht möglich und auch nicht sinnvoll, für jede einzelne Spielanregung einen Quellennachweis zu führen. Statt dessen sind im Anhang Spielsammlungen aufgelistet, auf die der Leser/die Leserin bei Bedarf zurückgreifen kann. Im übrigen versteht sich die vorliegende Arbeit nicht in erster Linie als ein weiterer Beitrag zu schon vorliegenden Spielsammlungen, sondern sieht ihre Aufgabe in der pädagogisch angemessenen Strukturierung bereitgestellter Spielideen und in dem Versuch, einen Beitrag für eine Didaktik des darstellenden Spiels in der Grundschule zu leisten.

1. Szenisches Spielen lernen

Überlegungen zu einem „Theater-Lernen" muten geradezu trocken und verfehlt an. Doch nur auf den ersten Blick und nur dann, wenn beim Stichwort „Lernen" negativ belastete Konnotationen mitschwingen wie Freudlosigkeit und mühseliges Üben usw., und wenn als Lehrmethode nur an die direkte Instruktion gedacht wird. Auf das vielschichtige Feld der Lehr- und Lerntheorien verzichten wir hier, doch gerade die in der modernen Grundschulpädagogik erhobenen Forderungen, Kindern ein handlungsbezogenes, selbsterfahrendes, viele Sinne erfassendes Lernen zu ermöglichen, erhalten auch in unserem Zusammenhang große Bedeutung.

Theaterspielen lernen heißt, die Kommunikationsmittel Mimik, Gestik, Gebärde und Sprache der Situation, der Rolle und der Zielsetzung entsprechend einsetzen zu lernen. Dazu müssen sie zunächst bewußt erfahren werden, bewußter als in Alltagssituationen möglich. Im Sinne dieser Aufgabenstellung müssen vielfältige Situationen arrangiert werden, in denen das Probehandeln in unterschiedlichen Ausformungen stattfinden kann. Lernen vollzieht sich im bewußten Erleben, in der Reflexion über eigenes Verhalten, über die Rückmeldung durch Mitspieler und Spielleiter und die Anwendung und Weiterführung in anderen, komplexeren Situationen. Wichtig sind Beobachtung und Nachahmung, aber auch gezieltes Training. Es soll nicht unterschlagen werden, daß es wie in jeder Kunst auch im Bereich des Theaters technische Elemente gibt, deren Beherrschung ein nicht zu unterschätzender Bestandteil der Schauspielkunst ist. Man denke nur an den wichtigen Bereich der Sprechtechnik! Doch hier stoßen wir in der Schule an Grenzen. Es ist keineswegs angezeigt, von vornherein alle Übungen, Etüden und gezielte Trainingsformen auszuklammern, doch Vorsicht sollte angebracht sein. Unser Ziel ist es nicht, Kinder zu Schauspielern auszubilden. Vermutlich würden wir uns auch übernehmen, denn wer von uns hat schon selbst entsprechende Kenntnisse! Andererseits dürfen keine falschen Vorstellungen entwickelt werden. Auch die Kinder sollten erfahren, daß Theatermachen mit viel Detailarbeit und Anstrengung verbunden ist. Technik ist nicht etwa der Gegenpol zur Phantasie, sondern die solide Grundlage für die Entfaltung der Kreativität. Den Kindern sollte aber kein sinnentleertes, stures Training übergestülpt werden. Auch hier kommt es in erster Linie auf das *Wie* an! Es gibt Beispiele aus der Praxis, daß Kinder an den eigentlich so trocken anmutenden sprechtechnischen Übungen so großes Gefallen fanden, daß sie danach verlangten – offensichtlich, weil ihnen die nach Vokalen oder Konsonanten zusammengestellten, oft recht sinnlosen Verse als Sprachspiele großen Spaß bereiteten. Dennoch sollte das Spielen im Vordergrund stehen. Keinem Klavierschüler wird zugemutet, die Anfangsgründe ausschließlich über Tonleiterübungen kennenzulernen. Er wird aber auch nicht sofort mit Beethoven'schen Sonaten konfrontiert. Dem ist das Vorgehen eines Spielleiters vergleichbar, der für seine Spieler ein Stück aussucht, die Rollen verteilt, die Kinder den Text auswendiglernen läßt, einige „Gebärden" einstudiert und dann die große Aufführung ansteuert. Wenn wir Kindern die ästhetische Grunderfahrung „Theater" in ihrem szenischen Spiel ermöglichen wollen, muß man ihnen das nötige Rüstzeug dazu verleihen oder besser: Man sollte ihnen die Chance geben, sich dieses Rüstzeug anzueignen.

Zugänge gibt es viele. Szenisches Spielen zielt nicht immer und unbedingt auf eine Theateraufführung vor geladenen Gästen. Im Mittelpunkt der praktischen Vorschläge steht daher eine Vielfalt kurzer Spielszenen. Jede einzelne ist in sich abgerundet, ist ein Stück Theater, ist Prozeß und Produkt zugleich und nicht bloß „Etüde". Aber sie ist *auch* Etüde, da die jeweils gewonnenen Erfahrungen in anderen Zusammenhängen fruchtbar werden können.

Stillschweigend sind wir bei unseren Gedanken zum Lernen einer Voraussetzung gefolgt, die keineswegs selbstverständlich ist. Objekt und Ziel des Lernens ist das szenische Spiel selbst. „Wenn Kinder Theater spielen, lernen sie Theater zu spielen!" Sie lernen sicher auch vieles andere – doch das steht nicht im Vordergrund unseres Interesses. Es entspricht dem hier verfolgten Ansatz – ich möchte ihn einen theaterästhetischen nennen –, daß sich die Blickrichtung immer dem Spiel selbst zuwendet und nicht außerhalb des Spiels gelegenen Zielen.

Kindliches Szenenspiel wird in den nachfolgenden Spielvorschlägen und Praxisanregungen grundsätzlich als eine Form des „Theaterspiels" verstanden. Dennoch muß die Frage nach den spezifischen Besonderheiten gestellt werden. Oder ist im Ernst eine „Maria-Stuart-Aufführung" am Hamburger Schauspielhaus mit einem am Elternabend von 8-jährigen gespielten Hase-und-Igel-Märchen zu vergleichen? Die Antwort mag verblüffend ausfallen: Warum eigentlich nicht? Alle Ingredienzen, die Theater zu Theater machen, sind auch der Schulaufführung eigen!

Beiden Aufführungen liegt die gleiche Kommunikationssituation „Theater" zugrunde. Die Unterschiede liegen in den äußeren Bedingungen dieser Situation: im Alter der Akteure, den entwicklungsbedingten Möglichkeiten, eigenes Rollenhandeln zu reflektieren und zu gestalten, im Grad der Vorerfahrung, der Professionalität, in den Ausformungen des lokalen und gesellschaftlichen Umfeldes, der öffentlichen Kenntnisnahme u. ä. m. Es gibt demnach nicht kindliches Theaterspiel an sich, sondern lediglich unterschiedliche Ausformungen dessen, was Theater ausmacht, angefangen beim Spiel der Schulanfänger über das Laienspiel bis hin zur hochartifiziellen Darstellung der professionellen Bühnen. Kindertheater als von Kindern für Kinder und Erwachsene gespieltes Theater ist so wenig nachgeahmtes Staatstheater, wie die professionelle Bühne als die eigentliche Realisierung von Theater zu verstehen ist.

Kindertheater in unserem Zusammenhang ist zugleich Schultheater mit den dadurch gegebenen Möglichkeiten und Bedingungen. Das Einlassen auf die Theatersituation ist nicht weniger ernsthaft als im Salzburger Festspielhaus. Kindertheater in der Schule ist eine Form ästhetischer Praxis und zugleich prozeß- und produktorientiert.

Im Unterschied zum beruflichen Schauspieler, der weitgehend den Vorgaben von Regie, Dramaturgie und Bühnenbau verpflichtet ist, gestalten die Schüler den Weg zu einer Aufführung von den Anfängen bis zum krönenden Abschluß mit und sind verantwortlich in die Entwicklung eingebunden. Die Vielfalt der Arbeitsformen ist vom traditionellen Kanon der Schulfächer kaum zu erfassen: da wird gelesen, getextet, fabuliert, gewerkelt, gebastelt, gemalt, genäht . . . und gespielt. Kindertheater in der Schule wird zu einem fächerübergreifenden Vorhaben und gerät für die Zeit seiner Realisierung in den Mittelpunkt ästhetischer Erziehung.

Für die vielfältigen Formen szenischen Spiels gibt es keine eindeutige Terminologie. In theoretischen Beschreibungen und praktischen Spielvorschlägen begegnen uns die unterschiedlichsten Bezeichnungen. Schillernd ist beispielsweise die Verwendung des Begriffs „Rollenspiel", der je nach Verwendungszusammenhang soziologisch, therapeutisch oder spielpädagogisch orientiert sein kann. Hinzu kommt, daß Spielformen untereinander kaum abgrenzbar sind. So ist eine nur knapp vorbereitete Pantomime auch als Stegreifspiel zu verstehen und szenisch-sprachlich orientierte Spiele können pantomimische Elemente enthalten.

Über Begrifflichkeiten zu streiten, wäre freilich unsinnig und zeitraubend und würde den Blick von den Inhalten ablenken. Daher beansprucht die folgende Systematisierung keinerlei allgemeine Geltung, sondern dient lediglich der Verständigung zwischen Autor und Leser/in über die angesprochenen Spielformen:

Kreisspiele

Alle noch nicht szenisch orientierten Spielformen, die gemeinsam im Sitzkreis durchgeführt werden, z. B. auch Namens- und Kennenlernspiele.

Figurale Spielformen*

Alle medial über Spielfiguren vermittelte Formen darstellenden Spiels. Die Möglichkeiten sind durch die jeweilige Art der benutzten Spielfiguren vorgegeben. Die Kunst liegt in der Führung der Spielfigur; Sprache wird oft durch den Spieler miteingesetzt. Je nach Spielfiguren können unterschieden werden:

Fingerpuppenspiele,
Handpuppenspiele,
Stockpuppenspiele,
Marionettenspiele,
Figurenspiele durch Projektion,
Schattenwurf (Vgl. unter Figurenschattenspiele).

Aufwärm-Spiele

Bewegungs- und Spielformen im Kreis oder im offenen Raum, die das Ziel verfolgen, den einzelnen und/oder die Gruppe körperlich und seelisch auf nachfolgende szenische Spiele vorzubereiten (vergleichbar dem Sportler, der sich vor seinem Einsatz im Fußballspiel warmläuft).

Übungen

Trainingseinheiten für genau definierte Einzelaspekte schauspielerischen Vermögens, die noch nicht den Rang eines szenischen Spiels haben, insbesondere:

Atemübungen,
Sprechübungen,
Sprechtechnik,
Körperübungen/Gymnastik.

---

* Der Bereich der figuralen Spielformen ist in diesem Buch ausgeklammert. Er hat eine so spezifisch ausgeformte Selbständigkeit und Eigengesetzlichkeit, daß die Beschränkung auf „personale Spiele" (Unterscheidung personale und mediale Spielformen bei RUNKEL 1990) angezeigt ist. Es ist aber zu unterstreichen, daß auch Puppen- und Marionettenspiele in der Grundschule sehr reizvoll sein können, insbesondere, wenn sie sich in projektartigen Vorhaben mit der Herstellung der Figuren und dem Bühnenbau verbinden. Ich bin allerdings nicht der Meinung, daß diese Spielformen gegenüber anderen eine herausragende Bedeutung für die Sprachförderung haben. Es ist zwar richtig, daß Kinder eine Puppenbühne als schützend empfinden, andererseits vermag eine Gruppe „Gleichbetroffener" diese Funktion noch besser auszufüllen als die Position des ziemlich auf sich allein gestellten Puppenspielers. Zudem verlangt die technische Beherrschung der Figurenführung die ganze Aufmerksamkeit der Kinder und absorbiert u. U. kreative Möglichkeiten der Sprachentfaltung.

Pantomimen

Szenisch orientierte, nonverbale Spielformen, die ihren Ausdruck in Mimik, Gestik und Körpersprache finden. Dabei kann bezüglich des gespielten Inhalts unterschieden werden zwischen:

Bewegungspantomimen,
> die in unterschiedlich ausgeprägtem Konkretisierungsgrad Sprache (Texte, Gedichte) oder Musik synchron in Körperbewegungen ausdrücken;

Spiegel- oder Schattenpantomimen,
> die in der bloßen Nachahmung vorgegebener Körperbewegungen bestehen;

Tätigkeitspantomimen,
> durch die in knapper Form (vor allem) menschliche Tätigkeiten dargestellt werden;

Handlungspantomimen,
> bei denen mehrere Tätigkeiten in einen sinnvollen Handlungszusammenhang gebracht werden;

Scharaden,
> unter denen als Sonderform der Pantomime gespielte Rätsel verstanden werden, die je nach Aufgabenstellung als Tätigkeits- oder Handlungspantomime denkbar sind.
> Als Vorlage dienen Nomen, bevorzugt Komposita (z. B.: Schlüsselloch); auch in spaßhafter Form durch gewaltsame Silbentrennungen;

Lebende Bilder,
> die als „eingefrorene" Pantomimen verstanden werden können. Sie werden von einzelnen oder der ganzen Gruppe aus der Bewegung heraus gestellt („Fotografieren") oder von anderen Mitspielern geformt („Statuen" oder „Denkmalbau").

Schattenspiele

Eigentlich eine Sonderform der Pantomime, da sie wie diese unter Verzicht auf Sprache durch Gestik und Körperbewegungen (nicht: Mimik) ausgedrückt werden. Zu unterscheiden sind:

Figurenschattenspiele,
> mit schwarzen Holz- oder Pappfiguren, die durch Stäbe geführt werden;

Menschenschattenspiele,
> erzeugen den Schatten durch den menschlichen Körper selbst, nicht durch geführte Figuren.

15

Stegreifspiele

Alle szenisch orientierten, durch Sprache, Mimik, Gestik und Körper zum Ausdruck gebrachten Spielformen, die auf keinen schriftlich fixierten Text zurückgreifen, sondern sich aus einer knappen Themenvorgabe und einer zeitlich begrenzten Vorbereitung entwickeln. Nach Themenstellung können die Spiele unterschieden werden nach:

Bildvorlagen:
> Einzelbilder oder Bilderfolgen stecken den Rahmen für die zu entwickelnde(n) Szene(n) ab. Bildergeschichten erleichtern die Strukturierung von Szenen oder Szenenfolgen und beinhalten starke Impulse für die Versprachlichung.

Szenenbeschreibung:
> Inhalt und Ablauf einer Szene werden knapp skizziert, die Ausführung ist den Spielern überlassen. (Hier sind z. B. die oft als Streitspiele aufgefaßten „Rollenspiele" zu subsummieren.)

Gegenständen:
> Etwa 3 Gegenstände werden vorgegeben. Die Spieler sollen sie in einen thematischen Zusammenhang bringen.

Motiven oder Reizwörtern:
> Etwa 3 Begriffe werden vorgegeben. Spieldurchführung wie beim Spiel nach Gegenständen (Im Unterschied dazu kann es sich auch um abstrakte Begriffe handeln).

Stichwortsätzen:
> Das Spiel entwickelt sich gemäß einem vorgegebenen Anfangs- oder Schlußsatz (auch die Vorgabe eines knappen Dialogs für den Beginn oder den Schluß der Szene ist möglich).

Spiele nach epischen Textvorlagen

Szenische Spiele, denen epische Texte (z. B. Geschichten, Märchen) zugrunde liegen. Sie können als Stegreifspiele, aber auch als Textspiele (s. u.) organisiert werden, je nachdem, inwieweit die Dialogisierung schriftlich als Spielvorlage fixiert ist. Die vollständige Wiedergabe der Textvorlage im szenischen Spiel tendiert eher zum Textspiel. Als Stegreifspiel sind vor allem zwei Formen denkbar, das Spielen einer

Kernszene:
> Eine als besonders bedeutungsvoll erkannte Passage der Textvorlage wird isoliert und dramatisiert. Im Unterschied zu dem o. g. „Spiel nach Szenenbeschreibung" ist die Vorbereitung genauer, detaillierter und Ergebnis gemeinsamer Vorarbeit.

16

Szenenfolge:
Statt einer einzigen Kernszene wird eine Folge mehrerer wichtiger Textabschnitte der Vorlage dramatisiert, allerdings ohne Anspruch auf eine
vollständige Wiedergabe.

Textspiele

Im Unterschied zu den bisher genannten Spielformen haben Textspiele eine
dialogisch und schriftlich fixierte Grundlage. Die Inhalte der Spielszenen
sind nicht Ergebnis des dem Spiel vorangehenden Arbeitsprozesses. Die Beschäftigung mit Textspielen ist notwendigerweise produktorientiert. Bei der
Vorbereitung geht es in erster Linie um die bestmöglichste Repräsentation
der Vorlage. Dies gilt auch für selbstentwickelte Textspiele, die allerdings in
wesentlich höherem Maße die Aspekte der Prozeßorientierung einbezie-
hen.
   Quer zur vorgelegten Systematisierung ist eine Einteilung nach Spieler-
zahl möglich. Alle Spielformen sind als **Einzel-, Partner-** oder **Gruppen-
spiel** denkbar.

Keinesfalls ist die Aufzählung erschöpfend. Es gibt viele Erweiterungsmög-
lichkeiten. Je breiter die Angebotspalette, je variabler die Spielformen, um
so mehr Spielfreude wird sich bei den Kindern entwickeln. Dem Einfallsreichtum der Spielleiter/innen ist keine Grenze gesetzt. Z. B. sind weitere
Spielformen im Bereich des Stegreifspiels denkbar, die sich an musikali-
schen oder bildlichen Vorlagen orientieren. Wichtige Spielimpulse können
von Masken oder Kostümen ausgehen. Bei hohem Aufforderungscharakter
können sich Spiele entwickeln, die keine – vielleicht einengenden – Vorgaben benötigen. Im übrigen sind natürlich Kombinationen verschiedener
Spielformen möglich.
   Die in diesem Band beschriebenen Beispiele, Vorschläge und Anregungen
beschränken sich auf die oben dargestellten Spielformen, von denen jede
einzelne variabel gestaltet werden kann. Prüft man sie auf ihre inhaltlichen
Anforderungen, so läßt sich eine zunehmende Komplexität ausmachen (der
Bereich des Textspiels soll dabei ausgeklammert bleiben). Ein Spiel nach
Gegenständen verlangt mehr Einfallsreichtum als ein Spiel, das durch eine
Szenenbeschreibung weitgehend vorstrukturiert ist; ein Spiel, das sich aus
der Vorgabe abstrakter Begriffe entwickeln soll, ist wiederum schwieriger in
Planung und Durchführung als eines, dem konkrete Gegenstände mit ihrem
unmittelbaren Handlungsanreiz vorgegeben sind.
   Mit Einschränkung gelten solche Überlegungen auch für die Pantomime
und ihre Einordnung vor den die Sprache miteinbeziehenden Formen des

Stegreifspiels. Freilich ist nicht die Pantomime als Kunstform gemeint. Es wäre töricht, wollte man ihr einen geringeren Komplexitätsgrad zusprechen als anderen Formen darstellenden Spielens. Für die Einordnung sind andere Gründe maßgebend. Im Vordergrund steht nicht die jeweilige Kunstform – von denen jede einen absoluten Anspruch in ihrer künstlerischen Ausprägung erheben kann, so daß sich alle entsprechenden Vergleiche verbieten –, sondern die Frage, wie Kinder reagieren, wenn sie mit Formen darstellenden Spiels konfrontiert werden: Wo sind für sie leichtere oder schwierigere Zugangsweisen? Wenn wir oben die Komplexität der Spielformen als Ordnungskriterium genannt haben, so ist es also zur Vervollständigung nötig, auf kindliche Zugangsweisen einzugehen. Bevor Kinder in das Improvisationsabenteuer gestürzt werden, sollte man ihnen die Möglichkeit zur Erfahrung bieten. Da zeigt es sich immer wieder, daß es ihnen zunächst leichter fällt, sich im darstellenden Spiel ohne Sprache zu erproben. Daher liegt es nahe, ihnen erste Spielerfahrungen in nonverbalen Szenen zu ermöglichen und sie erst dann in die für sie sehr viel komplexeren Sprechspiele einzuführen.

Dieser Gedanke liegt der oben aufgeführten Systematik und den nachfolgenden „Spieleinheiten" zugrunde. Um alle Mißverständnisse auszuräumen: Keinesfalls handelt es sich um eine Art geschlossenen Curriculums, das immer und nur so realisiert werden darf. Die Auflistung ist nicht mehr als *eine* Möglichkeit, Kindern den Zugang zum szenischen Spiel zu erleichtern. Nicht ein abstrakter Katalog, sondern Spielfreude, Kreativität und Spontaneität stehen im Vordergrund. Sie und die Zusammensetzung der jeweiligen Spielgruppe müssen den Ausschlag für die Wahl des Zuganges begründen. Andererseits: eine chaotisch durcheinanderschreiende Kindergruppe trainiert wohl kaum ihre Kreativität und ist bestens geeignet, Spielfreude bei allen Beteiligten abzubauen. Spielleiter und Spielleiterinnen sind gefordert und dürfen nicht aus lauter Furcht, kindliche Spontaneität einzuschränken, vor Anleitungen zurückschrecken.

Der von vielen Lehrerinnen und Lehrern beklagte Zeitdruck in der Schule berechtigt zu der Frage, wo denn nun noch das darstellende Spiel unterzubringen sei. Selbst interessierte Lehrkräfte schrecken zurück, weil ihnen entweder an ihren Schulen aus unterschiedlichen Gründen Möglichkeiten verweigert werden oder weil sie selbst im Rahmen ihrer Unterrichtsverpflichtungen keinen Platz zu finden glauben.

Die bildungsstiftende Kraft szenischen Spiels sollte aber Grund genug sein, nicht nur in Nischen des Schulalltags nach Verwirklichungsmöglichkeiten zu suchen. Lehrpläne und Richtlinien für die Grundschule weisen aus, daß die administrativ zur Verfügung gestellten Räume keineswegs so eng sind, wie oft argumentiert wird:

1. Ganzheitliche, von der Reformpädagogik übernommene Vorstellungen verweisen in Verbindung mit neueren Lerntheorien auf die Bedeutung handelnden Lernens in der Verschmelzung kognitiver und musisch-ästhetischer Aspekte.
2. Dem rein isolierten Fächerlernen in der Grundschule wird eine Absage erteilt. Fächerübergreifende Arbeitsweisen bis hin zu Projektverfahren gewinnen an Bedeutung.
3. Lehrpläne zum Fach „Deutsch" weisen unter dem Stichwort „mündliche Kommunikation" einen Teilbereich aus, dem durch Zielsetzungen, inhaltliche und methodische Anregungen ein hoher Stellenwert zugewiesen wird.

Es bedarf keiner näheren Erörterung, wie stark das szenische Spiel von den genannten Punkten berührt wird. Gerade dem in der Grundschulpädagogik immer wieder geforderten situativen Ansatz kommt es entgegen. Durch das Spiel wird also nicht wertvolle Unterrichtszeit vertändelt, sondern Unterrichtszeit wertvoll genutzt.

Der Einsatz szenischen Spiels in der Schule kann sich in vier Feldern vollziehen. Die jeweils gegebenen Möglichkeiten und Schwächen sollen kurz abgewogen werden.

Szenisches Spiel als Unterrichtsspiel

Es handelt sich um Spiele, die im Fachunterricht zur Verdeutlichung des Unterrichtsgegenstands und der Zielsetzungen durchgeführt werden. In der Regel sind dies kurze ad-hoc-Spiele. Eine gründliche Vorbereitung über die bloße inhaltliche Klärung hinaus ist dennoch erforderlich. Sie sollte in einem Gespräch durch die ganze Klasse geleistet werden, um damit die gemeinsame Verantwortung für ein Gelingen des Spiels zu stärken und Spielwiederholungen durch Rollentausch zu ermöglichen. Vorzubereiten ist das Rollenverständnis des einzelnen Spielers, die Aufteilung des Raumes, Nutzung von (evtl. auch imaginären) Requisiten, mögliche Gänge, Handlungsabläufe – soweit sie vorgedacht werden können (Entscheidungsspiele, die zu nicht vorher planbaren Konfliktlösungen kommen sollen, haben hier natürlich andere Anforderungen) – ggf. auch Sprachmuster, die den Spielern das Rollenhandeln erleichtern. Es muß nicht betont werden, daß die Spielideen möglichst von den Schülern entwickelt werden sollten; die Aufgabe des Lehrers/der Lehrerin besteht darin, Impulse zu setzen, Anregungen zu geben und die Ideen der Kinder zu strukturieren und für das nachfolgende Spiel nutzbar zu machen. OH-Projektoren oder Tafel können dabei sinnvolle Hilfe leisten.

Szenisches Spiel als „Unterrichtsreihe"

Auch in diesem Fall wird das Spiel oft dem Fachunterricht zugeordnet. So ist an den Deutschunterricht zu denken, dessen Bereich der mündlichen Kommunikation ein breites Feld für alle Formen darstellenden Spielens bietet. Im Mittelpunkt steht das Spiel selbst; es dient nicht lediglich als Vehikel zur Klärung anderer Sachverhalte oder Zielsetzungen. Denkbar sind entweder wechselnde Kleinformen szenischen Spiels mit wachsender Komplexität oder die Vorbereitung und Aufführung von Textspielen. Letzteres dürfte in der Praxis am häufigsten zu finden sein. Vorteile liegen darin, daß für die einzelnen Spieleinheiten kaum organisatorische Fragen zu klären sind, Spielphasen auch kurzfristig und spontan angeboten oder abgebrochen werden können und der Lehrer/die Lehrerin alle Kinder vom sonstigen Unterricht her kennt. Nachteilig könnte sich die große Zahl der Mitspielenden auswirken. Bei der Vorbereitung von Aufführungen kann es gelingen, alle Kinder mit Aufgaben zu betrauen; bei Proben ist dies schon schwieriger. Nicht alle Kinder werden mitspielen wollen, und ausschließlich zugewiesene Zuschauerrollen könnten zu Störungen und Konflikten Anlaß geben.

Szenisches Spiel als Theaterspielprojekt

Für fächerübergreifende Arbeitsweisen bieten Theaterstücke und ihre Vorbereitung weitreichende Möglichkeiten. Theaterspielprojekte erfordern ein Umdenken im traditionellen Unterrichtsverständnis. Es ist darunter mehr zu verstehen, als die bloße Durchführung von Unterrichtseinheiten, zu denen einzelne Grundschulfächer Beiträge leisten. Vielmehr sind Fächer- oder Lernbereichsgrenzen aufgehoben. Sofern mehrere Lehrkräfte beteiligt sind, ist eine enge Zusammenarbeit erforderlich.

Im Mittelpunkt stehen das Vorhaben und handlungsbezogene Lernformen, in die Aspekte der unterschiedlichen Lernbereiche eingehen. Die Arbeit am Text gehört ebenso dazu wie die Herstellung von Kulissen und Requisiten, die Einrichtung der Bühne, Anfertigung von Kostümen, Fragen von Licht und Ton incl. möglicher musikalischer Elemente u. v. a. Dabei ist wiederum zu unterscheiden zwischen Vorhaben, die primär eine Theateraufführung im Sinn haben, z. B. die Aufführung eines Märchens, und solchen, bei denen das szenische Spiel lediglich eine Form der Repräsentation von Projektergebnissen unter anderen darstellt. Viele Zwischenformen sind denkbar, zumal Theaterspielen nicht unabhängig von Inhalten gedacht werden kann. Entscheidend ist die Akzentsetzung, und wo Theateraufführungen nur neben anderen Projektzielen ihren Platz haben, wird wie beim Unterrichtsspiel darauf zu achten sein, daß im Entstehungsprozeß nicht nur materiale Grundlegungen erarbeitet werden, sondern eine eingehende Beschäftigung mit dem Spiel selbst und der Hinführung der Spieler zu ihrer Aufgabe erfolgt.

Zur Projektmethode kann an dieser Stelle nichts Ausführlicheres gesagt werden. Interessenten seien verwiesen auf den Band des Arbeitskreises Grundschule „Theater macht Schule" (LENZEN 1990), der neben lesenswerten Gedanken zu einer Ästhetik des Kindertheaters mehrere Theaterspielprojekte enthält, die ausführlich beschrieben werden. Durchführbar sind Projekte im Klassenverband. Reizvolle Möglichkeiten ergeben sich bei klassen- oder jahrgangsübergreifenden Vorgehensweisen.

Szenisches Spiel als Inhalt einer Arbeitsgemeinschaft oder eines offenen Angebots

Das Angebot von Arbeitsgemeinschaften an Schulen kann durchaus kritisch gesehen werden. Ihre Beliebigkeit macht sie abhängig von den Ressourcen, sprich Lehrerstunden, die einer Schule in einem Schuljahr zur Verfügung stehen. Nicht selten sind sie – vielleicht unausgesprochen – gedacht als Ausgleich für einen überwiegend verkopften, gefächerten Unterricht. Die von der Grundschulpädagogik angesichts des Kindheitswandels einhellig geforderten Veränderungen des Unterrichts hin zu einer stärkeren Berücksichtigung themenbezogener, projektorientierter Arbeitsformen und der reformpädagogisch ausgerichteten Auffassung von einem Lernen mit allen Sinnen, mit „Kopf, Herz und Hand", führen zunehmend zu einem Umdenken bezüglich des Stellenwerts ästhetischer Praxis. Wenn sich die Praxisvorschläge dieses Bandes vor allem auf die Möglichkeiten eines offenen Angebots oder einer Arbeitsgemeinschaft beziehen, dann deshalb, weil eine Reihe positiver Gesichtspunkte trotz denkbarer Einwände diese Arbeitsform besonders sinnvoll machen.

Voraussetzung jedes Spiels, also auch des szenischen, ist die absolute Freiwilligkeit. Arbeitsgemeinschaften werden von diesem Prinzip getragen, das allerdings nicht mit Beliebigkeit gleichzusetzen ist. Die Zahl der Mitspielenden ist zudem überschaubar; die Wahl der AG kann zumindest so gelenkt werden, daß die Gruppe nicht zu groß wird. Niemand sollte Theaterspielen verordnen wollen. Auch bei Kindern wird das Bedürfnis danach sehr unterschiedlich ausgeprägt sein. In Arbeitsgemeinschaften hat man es mit wirklich Interessierten zu tun; die Aufgabe der Schule, Interessen und Begabungen zu fördern, kann also in besonderer Weise realisiert werden. Freilich darf es nicht zu festen Gruppen besonders ausgewählter, „befähigter" Kinder kommen. Eine Arbeitsgemeinschaft „Darstellendes Spiel" steht grundsätzlich allen offen – gleichgültig, welche Vorerfahrungen Kinder aufweisen oder welche besonderen Begabungen sie mitbringen. Ist die Zahl der Interessierten zu groß, muß ein Wechsel der Teilnehmer ermöglicht werden. Auch „Schnupperangebote" in den verschiedenen Klassen sind denkbar, um die Kinder eine ihnen vielleicht neue Möglichkeit ästhetischen Tuns erproben zu lassen.

Vor einem muß sich eine Arbeitsgemeinschaft freilich hüten: Sie darf nicht zu einer Veranstaltung werden, deren Güte nach den angelieferten Theateraufführungen beurteilt wird. Sie kann solche beabsichtigen, muß es aber nicht. Theater kann durchaus nur intern in der Gruppe zur Bereicherung aller Mitwirkenden gespielt werden, wobei die Rollen von Spielern und Zuschauern ständig wechseln. Grundsätzlich ist nichts gegen Aufführungen einzuwenden. Eine AG kann willkommene Beiträge zum Schulleben bei allen möglichen Anlässen liefern. Sie sollte sich nur nicht selbst in Zugzwänge bringen, denn ein Hetzen von Termin zu Termin könnte alle guten Absichten zunichte machen.

2. „Abenteuerliche Reise" – Entwicklung von Spielfähigkeiten in acht Einheiten

Kennenlernen, Formalitäten, Regeln (1. Doppelstunde)

Sollen die 8 Doppelstunden „Spieltraining" in einer klassenübergreifenden Gruppe, etwa einer Arbeitsgemeinschaft, realisiert werden, so empfiehlt sich, zu Beginn Kennenlernspiele durchzuführen, damit die Kinder und die Lehrerin sich mit Namen anreden können. Weiterhin sind alle Formalia zu klären. Dazu gehört z. B. die Anlage einer Namensliste mit Klassenzugehörigkeit, damit die Anwesenheit bei den einzelnen Sitzungen überprüft und notwendig werdende Nachrichten den Kindern im schulischen Alltag schnell zugeleitet werden können.

An dieser Stelle muß etwas zur Größe einer Theater-Gruppe gesagt werden: Erfahrungsgemäß ist der Zuspruch sehr groß. Die günstigste, noch überschaubare Größe liegt etwa bei 15 Teilnehmer/innen: Es können gemeinsame Spiele, aber auch Gruppenbildungen durchgeführt werden. Liegt die Teilnehmerzahl weit unter 10, gehen viele Spielmöglichkeiten verloren. Man sollte weiter werben. Von zu großen Gruppen ist abzuraten. Gemeinsame Bewegungsformen und Spiele sind kaum noch sinnvoll durchzuführen. In aller Regel sind auch die zur Verfügung stehenden Räume zu klein. Was aber tun, wenn sich sehr viele Kinder melden? Interesse soll ja geweckt und nicht zurückgestoßen werden. Es bietet sich nur ein Ausweg an: Entweder die Durchführung einer AG in zwei Gruppen und in vierzehntägigem Wechsel oder die zeitliche Begrenzung der AG und – nach Ablauf – Angebot einer zweiten mit den zunächst nicht berücksichtigten Kindern. Kinder, die sich zur Teilnahme gemeldet haben, sollten zum regelmäßigen Kommen verpflichtet werden. Das sollte man ihnen bei der Vorbesprechung klarmachen. Eine Theater-AG mit ständig wechselnder Teilnehmerzahl dürfte kaum gelingen.

Nun kann es bei manchen Kindern, nachdem die erste Neugier befriedigt ist, zu einem Abbau der Motivation kommen: Sie haben sich alles anders vorgestellt und wollen – aus welchen Gründen auch immer – nicht mehr mitmachen. Die Enttäuschung des Lehrers sollte nicht zu harten Reaktionen führen. Besser ist ein Gespräch, das die eigentlichen Gründe klären hilft. Man sollte aber nicht zum Dableiben überreden, sondern letztlich die Entscheidung des Kindes akzeptieren. Gegen seinen Willen würde es kaum Spielfreude entwickeln können.

Wichtig ist die Aufstellung eines Regelkatalogs. Entsprechende Absprachen müssen am Anfang stehen. Spätere Nachholversuche stören den Ablauf der Spiele und sind allzuleicht zum Scheitern verurteilt, weil sich parallel zur Gestaltung und Durchführung Verhaltensweisen von Spielern und Zuschauern herausbilden, die sich rasch verfestigen. Die Einhaltung der Regeln muß von der Lehrerin oder dem Lehrer von Anbeginn gewährleistet werden.

Das darstellende Spiel wird von den Kindern lustbetont erlebt. Es ist besonders dann störungsanfällig, wenn es in seiner Schülerorientierung wenig in den Unterrichtsalltag eingebettet ist und unverbunden als Randereignis neben einem rein lehrgangsbezogenen und lehrerzentrierten Unterricht steht. Dort, wo Schulen sich um die Verwirklichung kind- und handlungsorientierter Unterrichtsformen bemühen, wo freie Arbeit und Projektverfahren im Rahmen eines rhythmisierten Unterrichtsvormittags verwirklicht werden, verlieren szenische Spielvorhaben ihre Sonderrolle. Die Regelbesprechung ist aber in jedem Falle angebracht, damit Disziplin zur Moral der Spielgruppe wird.

Verlauf

I. Begrüßung und Gesprächsrunde zu Stichworten

Was ist Theater?
Was erwartet ihr von dieser Arbeitsgruppe?
Was wünscht ihr euch / was würdet ihr gerne spielen?
Wer hat schon Theatererlebnisse gehabt?

II. Bericht über die Planung

Grobe Beschreibung der Vorhaben unter Einbeziehung der Schülererwartungen (wo gibt es Entsprechungen/Verbindungen?)
    Die Schüler wissen, daß eine Planung durch die SL (zur Leseerleichterung wird künftig statt der umständlichen Doppelform der/die Spielleiter/Spielleiterin die Abkürzung die SL verwendet) bereits erfolgt ist. Es gehört zur Ehrlichkeit, diese in Umrissen darzulegen und zugleich den Schülern deutlich zu machen, wo ihre Erwartungen berücksichtigt werden.

Im allgemeinen werden Kinder die „Theateraufführung" im Auge haben. Die Verwirklichung sollte ihnen in Aussicht gestellt werden – unter dem Vorbehalt, daß vorher noch einiges zu „üben" ist.

III. Kennenlernspiele

● Mein rechter Platz ist leer, ich wünsche mir . . . (Name des gewünschten Kindes wird eingesetzt) her!
● Tierkarten (2 sind jeweils gleich) werden an Kinder verteilt. Auf ein Zeichen beginnen alle, den Laut ihres Tieres nachzuahmen. Die Partner sollen sich finden und sich mit Namen vorstellen.
(nach SEIDEL 1989, S. 15).
Spielwiederholung oder Variante:
Alle ahmen die Gangart ihres Tieres nach.
Falls keine Bildkarten zur Verfügung stehen, kann die SL die Namen der Tiere auf Karten schreiben.

IV. Platz für notwendige Formalia

Überprüfung der Namensliste durch die SL, schulinterne Absprachen für die Durchführung der AG usw.

V. Erarbeitung notwendiger Regeln

Folgende Punkte sollten berücksichtigt werden:
● Die Teilnahme an einzelnen Spielen ist grundsätzlich freiwillig. Zuschauer dürfen bei Vorführungen die Spieler nicht stören. Bei der Vorbereitung helfen alle gemeinsam. Jeder hat das Recht, seine Ideen einzubringen.
● Spiele dürfen lustig, aber niemals albern sein. Bei Albernheiten werden sie abgebrochen und nochmal besser vorbereitet.

Natürlich soll Spielfreude nicht unterbunden werden. Kinder können aber sehr wohl unterscheiden zwischen dem Spaß an einer Sache und albernem Getue, das ihnen – wie oft am Gesichtsausdruck abgelesen werden kann – im Grunde unangenehm ist. Auch die SL muß sich auf die feine Unterscheidung zwischen Spaß an der Freude und der Flucht aus unbewältigten Situationen verstehen.

● Bei Partner- oder Gruppenspielen erfolgt die Zusammenstellung von Partnern oder Gruppen durch die SL oder durch Zufall.

Ich empfehle ausdrücklich, nur in Ausnahmefällen die Bildung von Sympathie- und Freundschaftsgruppen zuzulassen, da ansonsten Außenseiterrollen produziert werden und/oder ein starkes Gefälle bei den Spielergebnissen zu Motivationsabbau führen kann. Die Partner- oder Gruppenzusammenstellungen sollten häufig wechseln.

- Jeder hat bei der Besprechung das Recht, Verbesserungsvorschläge zu machen.
- Jeder ist bereit, sich nach einem Vorspiel kritisieren zu lassen.
- Niemand von uns ist perfekt. Wir alle wollen und können das Theaterspielen lernen.
- Ein verabredetes akustisches Zeichen (z. B. Triangel) bedeutet „sofortige Ruhe" und/oder Beendigung eines Spiels.
- Je nach Bedarf kann die Liste erweitert werden.

Die Regeln sollten verschriftlicht und im Probenraum ausgehängt werden, so daß bei Regelverstößen ein sofortiger Bezug hergestellt werden kann.

– Bewegungspause –

VI. Wir geben unserer Theater-AG einen Namen

- Je zwei Spieler „erfinden" einen Namen.
- Die Namen werden in der Gruppe vorgestellt. Mehrheitlich wird ein Gruppenname erwählt.

VII. Herstellung eines Plakats

- Alle malen ein Plakat: Name der Theater-AG mit Illustration
  oder:
  Gemeinsames Erstellen einer entsprechenden Collage.

Alternativen zu Kennenlern- und Namensspielen

- Die Kinder sitzen im Kreis. Sie rollen sich quer durch die Mitte einen Ball zu und rufen vorher den Namen des „angezielten" Kindes.
- Lügenrunde: Jedes Kind nennt seinen Namen und erzählt in Lügen und Übertreibungen von der eigenen Person: Wo ich wohne, woher ich komme, was ich gerne tue, esse usw. Einzige Bedingung: Der Name muß stimmen und das Wörtchen „und" darf nicht verwendet werden. Bei Fehlern geht das Wort an den Sitznachbarn im Kreis weiter.
- Faul und fleißig: Das erste Kind nennt im Kreis seinen Vornamen, verbunden mit dem Attribut: „fleißig" und den seines rechten Nachbarn, verbunden mit: „faul". Also: Ich bin die fleißige Susanne, neben mir

sitzt der faule Peter. Das angesprochene Kind schließt an: Nein, ich bin der fleißige Peter, neben mir sitzt die faule Bärbel usw.
Alternative: Jedes Kind nimmt die Zuschreibung auf. Ich bin die fleißige Susanne, neben mir sitzt der faule Peter. Ja, ich bin der faule Peter, neben mir sitzt die fleißige Bärbel. Eine Wiederholung der Runde im anderen Rhythmus ist anzuraten.

- Familie Schnuckelmuck: Das erste Kind nennt seinen Namen und den Nachnamen „Schnuckelmuck". Dazu: Rechts neben mir sitzt Opa/Oma Schnuck. Das nächste Kind muß diesen Namen aufgreifen, z. B.: Ich bin ... (Vorname) Schnuck, links neben mir sitzt Opa/Oma Schnuckelmuck, rechts Oma/Opa Schnuckel. Nächstes Kind: Ich bin ... (Vorname) Schnuckel, links neben mir sitzt Opa/Oma Schnuck, rechts neben mir Opa/Oma Schnuckelmuck. So setzt sich die Reihe fort. Jedes Kind muß außer seinem Vornamen also drei verschiedene „Nachnamen" benennen: Schnuck, Schnuckel, Schnuckelmuck. Schnelligkeit ist gefragt.

- Bewegungsspiel: SL oder ein Kind fordert im Kreis alle außer einem namentlich erwähnten Kind zu einer Tätigkeit auf. Der Aufgeforderte muß still sitzen bleiben und gibt dann unter Namensnennung eines anderen Kindes eine neue Aufgabe. Z. B.: alle außer Claudia spielen Flöte; Claudia: Alle außer Thomas trampeln mit den Füßen usw. Schnelle Wechsel! Wenn einem Kind nichts einfällt, kann es durch bloße Namensnennung seine Aufgabe an ein anderes Kind abtreten.

Pantomimen (2. Doppelstunde)

Mit dieser Doppelstunde beginnt die Reihe der thematisch gebundenen Spieleinheiten. Wie schon eingangs erläutert, soll durch die Gewährleistung eines inhaltlichen Zusammenhangs der einzelnen Spielformen ein beliebiges Nebeneinander verhindert werden. Einzelne Spielideen fallen nicht „vom Himmel", sondern sind für die Kinder einsichtig begründet. Bei der Suche nach einem geeigneten Thema stand dementsprechend das Anliegen im Vordergrund, einen Sinnzusammenhang zu finden, der in der spielerischen Umsetzung einzelne Aktivitäten geradezu herausfordert. Daß das Thema für Kinder einsehbar und motivierend sein sollte, versteht sich dabei eigentlich von selbst.

Der „Flug zu dem fremden Stern" gehört zwar nicht zur realen, aber zur Phantasiewelt der Kinder. Im Vordergrund stehen nicht – wie so oft bei

Science-fiction-Filmen, -Literatur und -Spielzeug zu beobachten – Auseinandersetzungen und kriegerische Konflikte, sondern Fragen der Verständigung. Wo auf Sprache als Informationsträger nicht zurückgegriffen werden kann, ergeben sich notwendigerweise Akzente für andere, z. B. pantomimische Mitteilungsformen. Bei Kontakten mit Unbekanntem spielen Emotionen wie Angst, Hoffnung und Freude eine wichtige Rolle. Bewegungen im fremden Gelände erfordern besondere Aufmerksamkeit usw. Freilich soll nicht alles und jedes zwangsweise in den Sinnzusammenhang gepreßt werden. Auch das eigentliche Anliegen, Kindern die Möglichkeit zu geben, sich in ihrem darstellenden Spielvermögen weiterentwickeln zu können, darf nicht in Vergessenheit geraten. Daher sind immer wieder Reflexionen über Spiele durch Nachbesprechungen, vielleicht auch durch Spielwiederholungen angezeigt.

Die zweite Einheit ist von der Pantomime als szenischer Spielform bestimmt. Im ersten Teil handelt es sich um pantomimische Vorübungen, durch die den Kindern eine erste Annäherung an das pantomimische Spiel ermöglicht wird. Im Sinne von Tätigkeitspantomimen werden sie von der ganzen Gruppe simultan zur Erzählung der SL durchgeführt. Das Agieren innerhalb der Gruppe verleiht den Kindern Sicherheit. Einzelne Schüler und Schülerinnen sollten noch nicht im Zentrum der Aufmerksamkeit stehen. Die Tätigkeitspantomimen des zweiten Teils sind durch die des ersten vorbereitet, stellen aber eine Schwierigkeitssteigerung insofern dar, als sie nicht mehr einer Erzählung nachgestaltet werden, sondern von den Kindern selbst vorbereitet und in eine kleine Spielszene umgesetzt werden müssen.

Verlauf

I. SL-Erzählung

Stellt euch vor, wir sind mit einer Zeitmaschine in die Zukunft gefahren und leben nicht mehr im Jahr 199?, sondern im Jahr 3000. Es gibt inzwischen große Raumgleiter, mit denen man bequem zu weit entfernten Sternen reisen kann.

Heute morgen habe ich an meiner Funkstation Signale empfangen, die von einem fremden Stern kommen. Es sind eindeutige Hinweise darauf, daß auf diesem Planeten Lebewesen wohnen, die mit uns in Kontakt treten wollen. Ich habe sofort eine Reise dorthin beschlossen.

Wer von euch mitfliegen will, ist herzlich eingeladen. So ein weiter Flug muß gut vorbereitet sein. Ich zeige euch zunächst ein paar Dinge, die ich unbedingt mitnehmen möchte.

Stuhlkreis in einem sonst möglichst freien Raum. Gebraucht werden nur Stühle. Evtl. vorhandene Tische sollten an die Wände geschoben werden, um eine große Spielfläche zu erhalten.

II. Pantomimische Vorübung

Die SL gibt mit Benennung pantomimisch Gegenstände durch den Sitzkreis. Sie werden von Hand zu Hand weitergereicht und am Schluß in der Mitte des Sitzkreises „niedergelegt", z. B.:
- eine Sternenkarte, in der unser Planet als Ziel eingezeichnet ist;
- ein schweres, großes Funkgerät;
- ein Arzneifläschchen (Vorsicht: nicht fallen lassen!) mit einer Medizin gegen „Raumkrankheiten" (Jeder darf daran riechen, muß aber die Flasche wieder schließen!).

Es sollten möglichst Gegenstände imaginiert werden, die sich in Größe und Gewicht unterscheiden und/oder unterschiedliche Emotionen auslösen. Die SL kann auf „Fehler" hinweisen und die bessere „Handhabung" wiederholen oder demonstrieren lassen.

III. Pantomimische Vorübung nach eigener Wahl

Nach Aufforderung durch die SL und kurzer Nachdenkpause legt jedes Kind etwas pantomimisch in die Mitte, was es für wichtig hält und unbedingt mitnehmen möchte. Um was es sich gehandelt hat, wird jeweils erraten oder vom einzelnen Kind anschließend erläutert.

Die Vielfalt des Möglichen erschwert ein Erraten. Um Längen zu vermeiden, sollte die Auflösung rasch erfolgen. Der Schwerpunkt liegt im Erproben der Pantomime. Ein Ratespiel in Form von Scharaden sollte an dieser Stelle nicht im Vordergrund stehen.

Die SL erstellt gemäß den Schülerangaben an der Tafel eine Liste der pantomimisch vorgestellten Gegenstände.

IV. Tätigkeitspantomimen simultan zur SL-Erzählung

Vorbereitung des Flugs:

Die SL baut den Stuhlkreis mit den Schülern zu einer großen, ovalen, innen offenen Form um: Das Raumschiff.

Die Anordnung der Stühle sollte so sein, daß auf der anderen Raumseite noch eine leere Spielfläche erhalten bleibt. Nach Fertigstellung versammeln sich dort die Kinder.

SL: Für unseren Flug muß Gepäck und Proviant verladen werden. Holt zuerst das, was ihr eben in der Mitte des Stuhlkreises niedergelegt habt (und über das ihr eben alle hinweggelaufen seid).

Anschließend fordert die SL auf, zu zweit oder in Gruppen schweres Gepäck zu verladen, z. B.:
- eine große Trinkwassertonne (2 Kinder),
- ein geländegängiges, kleines Fahrzeug (wird von 4 Kindern hineingeschoben),
- eine große Truhe mit Nahrungsmitteln (4 Kinder),
- eine Kiste voller Werkzeuge (2 Kinder),
- ein großer Behälter voller Bücher und Spiele zur Ablenkung und Unterhaltung bei dem langen Flug (2 Kinder),
- ein Behälter voller Schwimmwesten (2 Kinder).

Die SL notiert die jeweiligen Gegenstände ebenfalls an der Tafel.

V. Entscheidungsspiel in Gesprächsform

Die SL unterbricht und ruft die Kinder zu einer Mitteilung und Besprechung in eine Raumecke, wo sich alle auf den Boden setzen:

Wir müssen etwas ändern. Ich habe gerade Nachricht von unserem Bodeningenieur, daß unser Raumgleiter zu voll beladen ist. Er kann so nicht starten. Wir sollen wenigstens vier Gegenstände zurücklassen!

Es folgt ein Kreisgespräch, in dem erörtert wird, welche an der Tafel verzeichneten Gegenstände gestrichen werden sollen. Einvernehmliche Lösungen sind anzustreben.
  Nach Beendigung des Gesprächs werden einige Kinder aufgefordert, die Gegenstände (pantomimisch) wieder aus dem „Raumgleiter" herauszuholen.
                                    – Bewegungspause –

VI. Pantomimische Vorübung in Gruppen

Die SL teilt die Kinder in ca. 4 Gruppen ein und erteilt den Arbeitsauftrag:

Wir wollen den außerirdischen Lebewesen Dinge aus unserem Alltag mitbringen, die ihnen etwas über unsere Welt und unser Leben verraten. Sucht euch drei Gegenstände aus und notiert sie.

Anschließend sollt ihr versuchen, sie pantomimisch darzustellen und in den Raumgleiter zu tragen.

Der Begriff „Pantomime" als „Spiel ohne Worte" sollte den Kindern vermittelt werden.

Vorbereitung in der Gruppe
Kinder arbeiten in Gruppen unter wechselnder Hilfestellung durch die SL.
Die Kinder können ihre Gruppenarbeit in den Raumecken durchführen. Günstiger ist die Nutzung von Fluren und/oder Nebenräumen, was bei einem klassenübergreifenden Angebot am ehesten möglich ist.

Vorspiel
Die Gruppen spielen ihr Ergebnis vor.
Jeweilige Nachbesprechung: Die Zuschauer versuchen die Gegenstände zu erraten. Klärung, anschließend kritische Überlegungen zum Spiel mit evtl. Verbesserungsvorschlägen.

Spaghetti essen

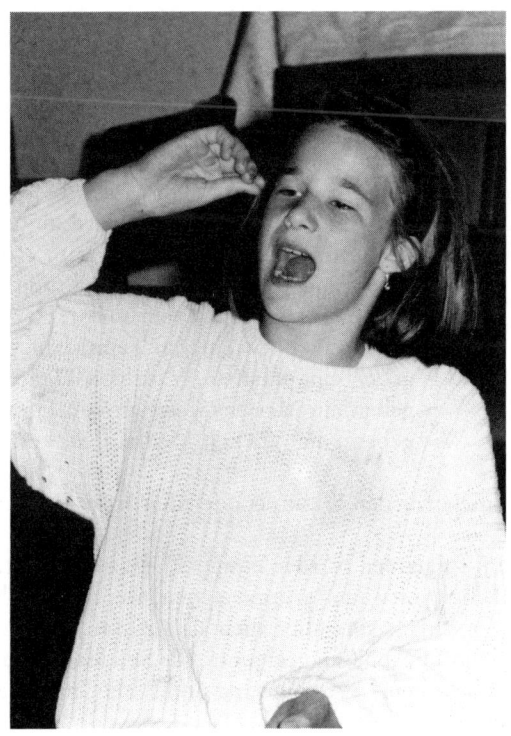

Alternativen

Pantomimische Vorübungen an Schülertischen:

- Wir schreiben ein Diktat (natürlich nur mit einem imaginierten Heft).
- Wir essen Schokoladenpudding – Eis – Spaghetti – heiße Suppe.
- Wir trinken Limonade mit einem Strohhalm – Milch aus einem Glas – Wasser aus einer Flasche – Wasser aus einem Wasserhahn.
- Wir spielen Instrumente, z. B. Geige – Flöte – Klavier – Schlagzeug.
- Wir malen.
- Wir falten einen Hut / ein Schiff.
- Wir zerreißen eine Zeitung.
- Wir spitzen einen Bleistift.
- Wir putzen die Zähne.

Viele andere kurze Tätigkeiten aus dem Leben der Kinder sind möglich!

Pantomimische Vorübung im Stuhlkreis:

Fast alle der eben genannten pantomimischen Übungen lassen sich auch im Stuhlkreis durchführen. Für folgende Möglichkeiten bietet er sich besonders an:

- Wir geben einen Tennisball von Hand zu Hand (real).
  Wenn ein realer Ball vorhanden ist, bietet sich auch folgendes Spiel an: „Rechts gegen links!" Der Ball wird möglichst schnell im Kreis herumgereicht und die Zeit gestoppt. Dann erfolgt derselbe Vorgang in der Gegenrichtung. Die siegreiche Richtung erhält einen Punkt usw.; die Gruppe spielt also gegen sich selbst, ist zugleich Sieger und Verlierer.
- Wir geben einen imaginären Tennisball von Hand zu Hand.
- Wir geben eine kostbare Vase von Hand zu Hand.
- Wir geben ein Marienkäferchen von Hand zu Hand.
- Wir geben einen dicken Medizinball von Hand zu Hand.

Spiele für den Sitzkreis oder den freien Raum

Im folgenden werden einige Spiele aufgeführt, die sich zum Einstieg in die Arbeit mit einer Gruppe eignen, wenn kein Themenbezug anvisiert ist. Die Vorschläge sind aber auch als Angebot für die Kinder in den Pausen- oder Erholungsphasen geeignet. Alle Spiele sind kurz und wiederholbar, sie verlangen keine Vorbereitung und schließen alle Schüler und Schülerinnen mit ein.

Mit Strohhalm
aus einer Flasche
trinken

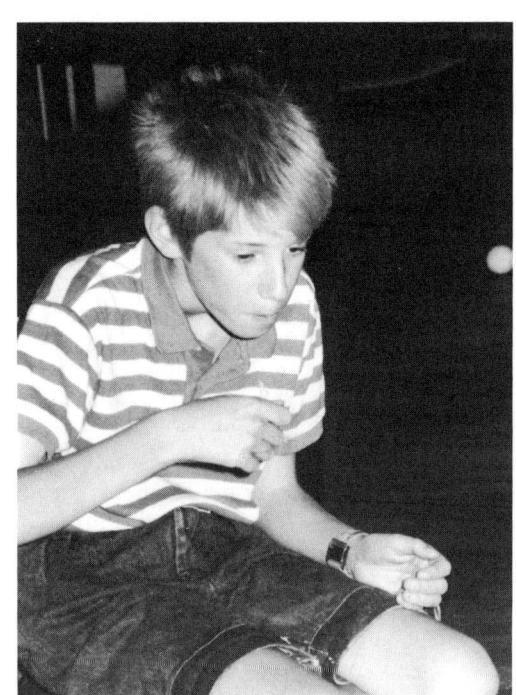

Einen imaginären
Tennisball
weitergeben

33

Teekesselchen
Das Spiel darf als bekannt vorausgesetzt werden.

Klatschraten
Nach dem Spiel „heiß und kalt". Die Gruppe vereinbart für einen Mit-spieler eine Aufgabe, z. B. im Raum einen bestimmten Gegenstand zu be-rühren. Die Gruppe leitet das ratende Kind, indem sie lauter oder leiser klatscht, je näher es sich zur Aufgabenlösung hin- bzw. von ihr wegbe-wegt.

Zauberspiel
Alle sitzen leicht vorgebeugt im Kreis. Die SL verteilt an jeden eine Mo-tivkarte (s. Kopiervorlage S. 120 ff.). Auf einer von ihnen ist ein Zauberer zu sehen. Alle blicken sich an. Der Zauberer versucht durch ein deutliches Blinzeln, ein Kind zu verzaubern. Wer sich betroffen fühlt, lehnt sich zu-rück und sagt: Ich bin ein/e . . . (je nach Motiv auf der Karte). Wenn ein Kind glaubt zu wissen, wer der Zauberer ist, meldet es dies an. Haben sich zwei Kinder gemeldet, zählt die SL bis drei, dann zeigen alle beide auf das von ihnen verdächtigte Kind. Stimmen die beiden überein, wird das be-schuldigte Kind gefragt. Ist es der Zauberer, kann das Spiel mit gemischten Karten wiederholt werden. Ansonsten geht es bis zur Entdeckung des Zau-berers oder zur Verzauberung aller weiter (Abgeänderte Form des „Killer-spiels" bei HIELSCHER 1984, S. 45).

Indianer auf dem Kriegspfad
6–7 Kinder gehen vor die Tür und laufen dann in einer selbstgewählten Reihenfolge einmal kurz hintereinander durch den Raum. Draußen verän-dern sie ihre Reihenfolge und kommen in neuer Ordnung zurück. Einzelne der anderen Kinder versuchen jetzt, die ursprüngliche Reihenfolge wieder herzustellen (Nach VOPEL 1980, S. 21).

Dirigentenspiel
Die Gruppe ernennt ein Kind zum Anführer. Er oder sie leitet die Grup-pe im pantomimischen Spiel von Instrumenten an. Bei jedem Wechsel ver-sucht sich die Gruppe schnell an ihm oder ihr zu orientieren. Ein Kind, das bei der vorhergehenden Absprache vor der Tür gewartet hat, steht in der Mitte des Kreises und hat die Aufgabe, den „Dirigenten" zu entlarven.
Zum Spielinhalt können auch allgemeine wechselnde Bewegungen ge-macht werden.

Zublinzeln
Die Hälfte der Gruppe sitzt im Kreis, die andere Hälfte steht hinter den Stühlen. Die SL oder ein Kind steht in der Mitte bei einem leeren Stuhl. Er blinzelt einem der sitzenden Kinder zu, das schnell versuchen muß, auf den

freien Stuhl zu kommen. Das hinter ihm stehende Kind soll dies verhindern, indem es schnell beide Hände auf die Schultern des vor ihm sitzenden Kindes legt. Mehrfach, dann Wechsel (nach VOPEL 1980, S. 10).

Menschenschlange

Alle stehen beisammen und geben sich über kreuz, jeweils dem anderen Partner die Hand. Ein oder zwei Kinder versuchen den Knoten aufzulösen, indem sie den Spielern Anweisungen geben, wie sie über verbundene Hände steigen oder unter ihnen hindurch gehen sollen.

Jammerquack

Die eine Hälfte der Gruppe bildet mit geschlossenen Händen einen Kreis. Die andere Hälfte steht im Kreis: die Jammerquacks. Sie bewegen sich mit geschlossenen Augen langsam rückwärts, halten die Hände dabei auf den Knien und rufen unentwegt: Jammerquack, jammerquack! Wenn sie aneinander oder an die Kreiskette stoßen, müssen sie ihre Richtung ändern. Jetzt wird im Kreis eine Öffnung freigegeben. Der erste Jammerquack, der nach außen findet, wird von der SL abgefangen, darf die Augen öffnen und ruft laut die anderen. Er versucht, laut jammerquackend, den anderen den Weg zur Öffnung zu weisen usw. Bei kleinen Spielgruppen kann der Kreis durch Stuhllehnen markiert werden.

Dieses lustige Spiel nach HIELSCHER, S. 46, bietet sich vor allem als Schlußspiel an.

Andere Reise nach Jerusalem

Wie die bekannte „Reise nach Jerusalem" mit dem Unterschied, daß kein Kind ausscheidet, jeweils dennoch ein Stuhl weggenommen wird. Bedingung: Alle müssen Platz nehmen. Wo kein Stuhl mehr ist, bleibt nur noch der Schoß eines Mitspielers. Am Schluß sitzen alle auf einem Stuhl (Nach HIELSCHER, S. 47).

Die genannten Spiele sind nur eine kleine Auswahl aus dem kaum übersehbaren Angebot von Kreis- und Gruppenspielen. Zur weiteren Information verweise ich auf die im Anhang aufgeführten Spielesammlungen.

Tätigkeitspantomimen und lebende Bilder (3. Doppelstunde)

In der dritten Einheit steht nochmals die Tätigkeitspantomime im Vordergrund: zum einen wieder das simultane Spiel der ganzen Gruppe zur Erzählung der SL, zum anderen aber auch schon das aus der Gruppe herausgehobene Spiel von Kleingruppen oder Partnern. Den Charakter kleiner Vorführungen haben die „lebenden Bilder" des zweiten Teils. Sie müssen durch die Kleingruppen gründlich vorbereitet werden und bieten durch ihre Beschränkung auf das Wesentliche Erleichterungen bei Planung und Absprachen.

Die Darstellung „lebender Bilder" – oft auch „Fotografieren" oder „Blitzlicht" genannt – war in früheren Zeiten ein beliebtes Theater-Arrangement zu gesellschaftlichen Anlässen, aber auch als regelrechte Aufführung mit historischen Bezügen. Im Grunde handelt es sich um eine „eingefrorene" Pantomime, da die Sprache fehlt und die Körperhaltung zum alleinigen Sinnträger wird. Die Konzentration auf statische Elemente rückt für die Kinder die Bedeutung des Körperausdrucks sichtbar in den Mittelpunkt ihrer Aufmerksamkeit und verhindert die Neigung der spielerisch noch unerfahrenen Kinder, die Eindeutigkeit gezielter Gesten durch übertriebenes Gestikulieren und unruhige Bewegungen zu verdrängen.

Verlauf

I. Aufwärmen

SL: Wir wollen heute die lange Reise durch das Weltall antreten. Damit wir für den Flug gerüstet sind, müssen wir uns noch etwas vorbereiten.

- Wir stellen uns locker hin, schütteln Arme und Beine aus.
- Wir heben die Schultern und lassen sie locker fallen.
- Wir kreisen mit den Armen (Windmühle).
- Wir stehen ruhig da und versuchen, „mit dem Bauch" zu atmen. Dazu legen wir die Hand auf den Bauch und beobachten, wie er beim Einatmen größer wird (Zwerchfellatmung).
- Wir atmen ein und lassen den Atem langsam auf „f" verströmen.
- Dasselbe auf „s".
- Dasselbe mit stoßartigem „sch-sch" (Eisenbahn).
- Wir kreisen mit dem Kopf, ohne die Schultern zu heben.
- Wir springen zwanzig Mal mit geschlossenen Füßen hoch und rufen dabei „toll, toll . . .".

Atem-, Stimm- und Bewegungsübungen haben den Sinn, die Kinder auf ihr Spiel vorzubereiten. Auch Kinder haben Alltagssorgen, die sie durch Konzentration und Lockerung wenigstens für die Zeit des Spiels abstreifen sollten. Aufwärm-Übungen sollten zu Beginn keiner Spielstunde fehlen. Sie werden dann auch für anfangs vielleicht skeptische Kinder zur Selbstverständlichkeit. Am besten erklärt die SL diese besondere Form der Einstimmung bereits bei der allgemeinen Vorbesprechung.

II. Tätigkeitspantomime simultan zur SL-Erzählung

Stuhlkreis in ovaler Form.

SL erzählt:

Vor Antritt der Reise ziehen wir unsere Schutzanzüge an. Wir winken dem Bodenpersonal und den Technikern zum Abschied zu und betreten das Raumschiff. Wir setzen uns auf unseren Arbeitsplatz und schnallen uns fest. (Stühle!)
Achtung: der Start! Wir werden durch die Beschleunigung auf unsere Sitze gepreßt.

Die SL steht entweder außerhalb des Kreises oder spielt selbst mit.

Wir sind bereits im Weltraum. Wir können uns losschnallen und unseren Schutzanzug ausziehen. Wir verstauen ihn unter unserem Sitz. Wir bedienen die Instrumente (Knöpfe / Hebel / Schalter) an unserem Arbeitsplatz.
Achtung: Beachtet bitte, daß wir im Weltraum schwerelos sind. Wir bewegen uns langsam und schwerfällig – wie in „Zeitlupe": Wir tauschen unseren Arbeitsplatz mit einem anderen Kind. (2 × wiederholen) Dabei: Eine von uns hat einen Fotoapparat dabei und knipst uns bei unserer Bewegung. Dann erstarren wir zu einem „Bild".

Die SL muß evtl. den Begriff der Schwerelosigkeit kurz erklären.
Die Zeitpunkte von Starrwerden und Auflösen werden durch eine Triangel (Kind oder SL) bezeichnet.

Wir nehmen wieder Platz und bekommen von zwei Kindern (SL nennt die Namen) „in Zeitlupe" ein Essen serviert. Wir essen; jeder stellt sich sein eigenes Essen vor.

Unterbrechung: Die Kinder erläutern, was sie jeweils „gegessen" haben. Evtl. führen sie ihre Pantomime nochmal vor.
Die SL kann auch einzelne Kinder auffordern, den anderen ihre Pantomime zu zeigen; was gegessen wurde, wird dann erraten.

Auf der Erde, von der wir schon weit entfernt sind, ist es Abend. Deshalb halten wir auch im Raumschiff Nachtruhe. Wir lehnen uns im Sitz bequem zurück und schließen die Augen. – So vergeht ein Tag nach dem andern. Jetzt sind wir schon viele Tage auf Fahrt. Die Erde ist nur noch als kleiner Stern zu sehen. – Mit einem Male werden wir durch einen ungeheuren Schlag aus der Ruhe gerissen. Wir werden quer durchs Raumschiff geschleudert und zu Boden geworfen. Alle Lampen sind erloschen. Wir tasten uns zu unserem Sitz zurück, legen den Raumanzug an. Wir schnallen uns fest.

III. Tätigkeitspantomimen in Gruppen

Einer zieht den Helm auf, bewegt sich durch die Schleuse von zwei anderen am langen Seil gehalten nach „außen", um die Schäden festzustellen.
Die Pantomime kann durch andere Kinder wiederholt werden.

IV. Tätigkeitspantomime simultan zur SL-Erzählung

Offensichtlich sind wir von einem Meteoriten getroffen worden. Die Raketenmotoren sind beschädigt. Unser Raumschiff rast steuerlos dahin, wir kennen die Richtung nicht, da auch die Navigationsinstrumente zerstört sind.

Nach zwei Tagen stellen wir fest, daß wir auf einen Stern zurasen, der schnell größer wird. Hoffentlich funktionieren die Bremsmotoren noch. Wir versuchen, mit unseren Instrumenten das Raumschiff „abzubremsen". Unter uns sehen wir eine blaue Fläche; es scheint Wasser zu sein. Jetzt stürzen wir mit unserem Raumschiff ins Wasser. Wir legen Schwimmwesten an. Luken auf, wir müssen raus, um nicht unterzugehen. Alle Kinder verlassen in ihren Raumanzügen (mit Helm) schwimmend das Raumschiff. Da: In der Nähe ist Land. Wir retten uns schwimmend ans Ufer, liegen ermattet dort.

Einer von uns hat seinen Helm verloren und stellt fest, daß man hier atmen kann. Es gibt also Wasser, Land und Luft – geradeso, wie wir es von der Erde kennen – und trotzdem sind wir Millionen von Kilometern von der Erde entfernt. Dieser fremde Planet hat auch eine Sonne, die heiß vom Himmel brennt.

V. Tätigkeitspantomime als Rollenspiel

Zum Glück ist das Raumschiff nicht ganz untergegangen. Wir können einzelne Gegenstände retten. Jeweils einer kämpft sich durch die Brandung, rettet einen Gegenstand (einen der während der 2. Einheit aufgezeichneten), ein anderes Kind sichert das schwimmende durch ein langes Seil.

38

Die SL beauftragt jeweils zwei Kinder. Gerettete Gegenstände können an der Tafel eingekreist werden.

– Bewegungspause –

VI. Lebende Bilder

Die SL teilt die Kinder in etwa vier Gruppen ein. Die Gruppen haben den Auftrag, eine Folge von drei bis vier „lebenden Bildern" gemäß einer gezogenen Aufgabenkarte vorzubereiten und anschließend vorzuspielen.

Jedes Bild soll etwa 5–10 Sekunden „stehen". Die Wechsel zum nächsten Bild sollen rasch erfolgen und werden durch die Triangel (Kind oder SL) angezeigt. Die Spielform wird den Kindern am besten durch Beispiele erläutert.

Günstigerweise denken sich die Kinder zunächst einen Handlungshergang aus und zergliedern ihn dann in Bilder. In jedem Bild nehmen die beteiligten Kinder eine „eingefrorene" Stellung ein. Dabei sollten die Abstände zwischen ihnen nicht zu groß sein. Wenn die Gesamtkomposition steht (alle Beteiligten korrigieren und helfen mit), wird das Bild aufgelöst und mehrfach neu gestellt. Zum Schluß wird die ganze Folge und der rasche Wechsel geübt.

Gemeinsam gilt für alle Gruppen:

Wir haben festgestellt, daß der fremde Planet, auf dem wir gelandet sind, große Ähnlichkeiten mit unserer Erde hat und daß wir uns auf einer Art Insel befinden, wie es sie auch auf der Erde gibt.

Gruppenaufträge siehe auf der Kopiervorlage 2, S. 123.

Vorbereitung in den Gruppen und Vorspiel. Die Inhalte werden durch die jeweils zuschauenden Kinder erraten. Nachbesprechung, evtl. auch Korrekturen.

Alternativen

Lebende Einzelbilder

Beispiele:
- Auf dem Fußballplatz (ganze Gruppe)
- Auf dem Jahrmarkt (ganze Gruppe)
- Auf einem Wochenmarkt (ganze Gruppe)

Solche und ähnliche Bilder werden am günstigsten aus der Bewegung heraus entwickelt, d. h. die Gruppe bewegt sich im Rahmen der Themenvorgabe pantomimisch, und auf ein akustisches Zeichen hin erstarren alle zu einem „Foto".

Eine andere Art der Gestaltung fordern „Bilder", die konstruiert werden. Sie werden gezielt und überlegt aufgebaut, bis der gewünschte Eindruck hergestellt ist:

Statuen formen

Ein Partner formt den anderen zu einer Statue nach einem vorgegebenen oder selbstgewählten Motiv, z. B.
- einen Sportler (Fußballer – Handballer – Gewichtheber – Diskuswerfer),
- einen Seiltänzer,
- einen Musikanten (Geigenspieler – Flötenspieler – Trommler – Dirigenten),
- einen Clown,
- einen Jäger,
- einen Verkehrspolizisten.

Dieses Spiel kann auch erweitert werden, indem mehrere Personen zu einer Statuengruppe „geformt" werden.

Ein Feuer darstellen

40

Figuren schleudern

Ein Kind hat ein anderes an der Hand und dreht sich schnell um die eigene Achse. Zu einem selbstgewählten Zeitpunkt läßt es das andere Kind los, das sich von der Bewegung getragen in den Raum „schleudern" läßt und in einer Pose „erstarrt". Alle verbleiben in der eingenommenen Haltung, bis das letzte Kind „geschleudert" ist.

Gegenstände durch Personen abbilden

Eine Gruppe formiert sich so (oder läßt sich durch andere formen), daß ein möglichst wiederzuerkennendes Bild eines vorgegebenen Gegenstands entsteht. Im Unterschied zu den bisher genannten Formen lebender Bilder bilden die Spieler nicht unbedingt Personen ab; vielmehr wird der Körper zu einem vergegenständlichten Teil des Bildes.
    Beispiele: ein Haus – ein Schiff – ein Wald – ein Feuer – ein Fluß – ein Zelt – eine Kirche – ein Bett – ein Schrank.

Bilderfolgen

Entwickelt wird eine Folge von drei bis vier lebenden Bildern. Die Bilderfolge muß in der Gesamtgruppe entwickelt oder durch Kleingruppen vorbereitet werden. Dargestellt werden kann z. B.
– ein Märchen nach eigener Wahl,
– ein Beruf,
– eine Sportart,
– etwas aus der Schule,
– eine Zirkusvorstellung.

Tätigkeitspantomime

● Simultane Tätigkeitspantomime der Gesamtgruppe (Spiel gleichzeitig zu einer erzählenden Beschreibung durch die SL):
    – Ein Waldspaziergang (Gehen durch verschiedene Geländeformen),
    – Im Geisterschloß,
    – Einbrecher und Polizei,
    – Beim Bergsteigen,
    – Auf einer Schiffstour.
Die Erzählung sollte zu möglichst unterschiedlichen Tätigkeiten auffordern und abwechslungsreich sein, vielleicht auch jähe Wechsel enthalten.

Denkbar sind auch Bewegungen zu einem erzählten Märchen oder zu einem vorgetragenen Gedicht.

● Tätigkeitspantomimen nach vom Tonband eingespielten Geräuschen. Sie werden von jedem einzelnen Kind individuell ausgeführt; es beteiligt sich allerdings die ganze Gruppe.
Gefordert ist eine Tätigkeit, mit der auf das eingespielte Geräusch reagiert wird.
Beispiele: Flugzeug – Auto – Löwengeschrei – Telefon – Kindergeschrei (Spielplatz, Schulhof) – Öffnen einer Tür – Schritte.
Geräusche können von auf dem Markt erhältlichen Geräuschplatten zur Dia- und Filmvertonung ausgesucht und überspielt werden.

● Tätigkeitspantomimen nach Themenvorgabe für die Gesamtgruppe oder Teilgruppen:
    – Alle schieben einen Lastwagen.
    – Alle sind Äste eines Holzstoßes und werden „angezündet" zu einer gemeinsamen hohen Flamme.
    – Wir sind alle vornehme Leute bei einem Hochzeitsfest.
    – Wir zeigen verschiedene Attraktionen in einem Zirkus.
    – Alle werden zu Robotern verzaubert und bewegen sich als solche durch den Raum.
    – Alle werden zu Tieren verzaubert.

● Tätigkeitspantomimen für Kleingruppen nach Vorbereitung durch die jeweilige Gruppe:
Die o. g. Themenvorschläge für „lebende Bilder" oder Bilderfolgen eignen sich auch für kurze Tätigkeitspantomimen. Die Bilder werden in Bewegung umgesetzt und miteinander verbunden.
Weitere Möglichkeiten:
    – In einem Bus/einem Eisenbahnabteil,
    – In einem vornehmen Restaurant,
    – Beim Einkauf in einem Supermarkt,
    – Beim Unterricht in der Schule,
    – Zuschauer bei einem Tennisspiel,
    – Beim Schlittenfahren,
    – Im Bahnhof,
    – Bei einem plötzlichen Unwetter/Wolkenbruch.
Je nach dem Einfallsreichtum der Gruppen werden sich die einfachen Tätigkeits- schon zu komplizierten Handlungspantomimen entfalten.

● Tätigkeitspantomimen für Partner (Partnerpantomimen):
    – Spiegel- oder Schattenpantomime: Zwei Partner stehen einander gegenüber bzw. hintereinander und ahmen sich in allen Bewegungen nach (die Führungsposition wechselt).

- 2 Partner spielen zusammen (nach kurzer Vorabsprache) eine Be-
  rufstätigkeit vor. Sie wird von den Zuschauern erraten.
- 2 Partner spielen zusammen Tischtennis – Federball – Fußball –
  Handball.
- 2 Partner tragen zusammen eine lange Leiter – einen schweren
  Schrank – einen Kartoffelsack – als Sanitäter eine Trage.
● Tätigkeitspantomime für einzelne Kinder (Einzelpantomime):
  - Personen darstellen (s. dazu SEIDEL 1989, S. 37),
  - Tiere darstellen (s. dazu SEIDEL 1989, S. 14 f.),
  - kurze Spiele mit verzauberten Gegenständen: ein Bleistift ist kein
    Bleistift mehr, sondern . . .? (Der reale Gegenstand darf benutzt
    werden),
  - Angeln,
  - Äpfel oder Birnen pflücken.
Jede Alltagshandlung kann Vorlage für eine tätigkeitsbezogene Einzel-
pantomime sein.
● Eine besondere und interessante Form stellt die Kettenpantomime
  (auch: Mimische Kette) dar:
  Alle Mitspieler verlassen den Raum. SL oder ein Mitspieler führt nun einem einzeln zuschauenden Kind eine nicht zu kurze Tätigkeit oder
  Handlung pantomimisch vor, z. B.: einen Brief schreiben, adressieren
  und in den Briefkasten werfen. Der Zuschauer beobachtet genau und
  merkt sich möglichst jede Einzelheit.

Anschließend spielt er oder sie die gleiche Szene dem nächsten Kind vor
usw. Im Verlauf des Beobachtens und Nachahmens wird sich die ursprüngliche Szene stark ändern und am Schluß kaum noch wiederzuer-
kennen sein. Anschließend erzählen die Kinder in umgekehrter Reihenfolge, was sie sich unter der Szene vorgestellt haben. Die Anfangspanto-
mime wird nochmal allen vorgespielt. Das sich entwickelnde Gespräch
sollte weniger Anlaß sein, auf einzelne „Fehler" aufmerksam zu machen, sondern sollte stattdessen die Bedeutung der genauen Beobachtung und der bewußten, zielgerichteten Mimik und Gestik bei der Pantomime hervorheben.
Achtung: Für eine Kettenpantomime von 10 Kindern benötigt man eine
Zeit von etwa 20 bis 30 Minuten!

Von Tätigkeits- zu Handlungspantomimen (4. Doppelstunde)

Die vierte Einheit steht noch einmal im Zeichen der Pantomime und gipfelt in einer längeren Handlungspantomime nach entsprechender Vorbereitung. Diese Handlungspantomime wird zu einer längeren Szene führen und stellt daher hohe Anforderungen an die Kinder bei Planung und Spiel.

Das für alle Gruppen arbeitsgleiche Verfahren dient dazu, weniger ein „Erraten" der Handlungsabläufe in den Mittelpunkt des Interesses zu stellen als den Blick der Zuschauer auf das Spiel selbst zu lenken.

Verlauf

I. Aufwärmen

SL: Nach einer unbequemen Nacht in unserer Hütte wollen wir auf Erkundungstour gehen. Dafür müssen wir uns erst etwas „fit" machen.

Lockerungsübungen wie auf S. 36 beschrieben.
  Alternativ oder ergänzend:

● Mit gehobenen Armen nach oben recken, als steige man eine Leiter hoch. Dann Arme und Oberkörper nach unten fallen lassen, dabei Luft kräftig ausstoßen.

● Arme nach oben strecken, dann nach unten fallen lassen, den Oberkörper mit in die Bewegung aufnehmen und dabei kräftig „ausstöhnen".

● Luftballonatmen: Wir werden beim Einatmen größer und dicker wie ein Luftballon, beim Ausatmen schrumpfen wir zusammen.

II. Tätigkeitspantomime simultan zur SL-Erzählung

SL: Wir machen einen Erkundungsgang. Weil wir nicht wissen, ob es auf der Insel überall genug „Atemluft" gibt, ziehen wir zunächst vorsorglich Raumanzüge an und setzen die Helme auf.
  Alles bereit? Wir gehen los!

Bei der folgenden „Gehübung" bewegt sich entweder jeder einzeln für sich oder die Gesamtgruppe geschlossen im Raum hin und her.

  „Gehen nach Anweisung" ist in vielerlei Ausformungen in den meisten veröffentlichten Praxisvorschlägen zum „Darstellenden Spiel" enthalten. Diese Übung macht nicht nur Spaß und lockert auf, sondern lenkt die Aufmerksamkeit auf körperliche Bewegungsabläufe.

SL: Wir gehen
durch hohes Gras,
über eine sumpfige Wiese,
springen über einen kleinen Bach,
durch dichte Urwaldäste und -zweige,
balancieren auf einem dünnen Baumstamm,
über einen tiefen Abgrund,
klettern einen felsigen Abhang hinauf,
suchen Schutz vor einem plötzlich auftretenden Gewitter.
Aus unserem Versteck heraus beobachten wir Tiere. Wir bewegen uns wie
Affen – Papageien – Raubkatzen. Plötzlich sehen wir in der Ferne eine
Rauchsäule: Dort müssen „Außerirdische" sein.
Wir schleichen vorsichtig darauf zu, dabei überqueren wir einen breiten
Fluß. Dazu müssen wir die Schuhe ausziehen und durchwaten. Am ande-
ren Ufer ziehen wir die Schuhe wieder an, gehen nochmals durch den
dichten Wald und sehen dann Häuser – ein Dorf wie auf der Erde!
Die „Außerirdischen" sehen aus wie Menschen; wir können keine Unter-
schiede feststellen.

III. Kurze Handlungspantomime

Die SL unterbricht und leitet zu einem kurzen Spiel über. Ein Teil der
Gruppe spielt die Raumfahrer von der Erde, andere die „außerirdischen"
Dorfbewohner.
   Die Raumfahrer gehen auf die „Außerirdischen" zu, um sie zu begrüßen.
Als sie uns sehen, laufen sie in großer Angst davon.
   Anschließend folgt eine Unterbrechung des Spiels durch ein gemeinsames
Gespräch mit zwei Schwerpunkten: Warum laufen die „Außerirdischen"
vor uns weg? Woran erkennen wir, daß sie Angst haben?

IV. Mimische Übung: Gefühle ausdrücken

Die SL verweist auf die Notwendigkeit, beim Spiel Gefühle auszudrücken.
Dies soll durch drei Übungen probiert werden.
● Alle Kinder gehen durch den Raum. Auf Zuruf der SL (und ggf. Trian-
   gel- oder Beckenschlag) sind alle in mehrfachem Wechsel froh – traurig – ängstlich – lustig.
● Emotionen raten: Ein Kind geht an die Tür. Die Gruppe sitzt im Halb-
   kreis und vereinbart eine „Emotion". Diese wird dem nichteingeweih-
   ten Kind vorgespielt und von ihm erraten. Wichtig ist der Hinweis, daß

nicht das ratende Kind eine Aufgabe zu lösen hat, sondern die spielende Gruppe.

Spielbar sind folgende Gefühlszustände: froh – traurig – ängstlich – streng – ärgerlich – lustig – wütend – nachdenklich.

● Partnersuchspiel: Die Kinder erhalten Kärtchen, auf denen je eines der o. g. Gefühle verzeichnet ist (s. Kopiervorlage 3, S. 124 f.). Jedes Kärtchen gibt es in doppelter Ausführung.
Auf ein akustisches Zeichen hin beginnen alle, „ihre" Emotion zu spielen. Dabei versuchen sich die zusammengehörenden Paare zu finden.

Für das Spiel von Emotionen, die durch Mimik und Körperhaltung ausgedrückt werden, kann es keine „technischen" Hinweise geben. Besser sind Erinnerungen an Situationen, in denen die jeweilige Gefühlslage erlebt wurde. Spielen kann man nur Emotionen, die man irgendwann selbst erfahren hat. Manche Kinder werden in ihren Gesten übertreiben. Hier sind vorsichtige Hinweise des SL auf Sparsamkeit und die notwendige Verbindung von Mimik und Körperhaltung angebracht.

– Bewegungspause –

V. Handlungspantomime

SL: Langsam kehren die Dorfbewohner zurück. Da sie wie wir aussehen und offensichtlich nur unsere Raumanzüge und Helme ihnen Angst eingejagt haben, legen wir sie ab.
Da sie die Sprache ihres Sterns sprechen, ist keine Verständigung möglich. Wir wollen ihnen aber erklären, daß wir von der Erde kommen.

Die Kinder werden in Gruppen eingeteilt und erhalten den Auftrag, in einer pantomimischen Darstellung zu zeigen, was bisher passiert ist, angefangen bei unserem Abflug von der Erde. Diese Pantomime in Gruppen zu drei bis vier Kindern soll zunächst gründlich vorbereitet werden.

Gefordert ist eine Handlungspantomime, in der die bisherigen Tätigkeitspantomimen zusammengefaßt werden.

Die Aufgabe ist schwierig. Gruppen, die keine selbständigen Lösungen entwickeln können, kann folgende Strukturierungshilfe (Tafel) gegeben werden:

1. Beladen des Raumschiffs (Stühle können benutzt werden).
2. Unfall im All.
3. Landung und erste Schritte auf dem fremden Planeten.
4. Weg durch den Urwald und Entdeckung des Dorfes.

Es folgen Vorbereitung in Gruppen und Vorspielen mit Nachbesprechung.

Emotionen spielen und raten: „fröhlich"

Emotionen spielen und raten: „ängstlich"

Alternativen

Gehen im Raum

- Für die Gesamtgruppe:
  - „normal" gehen,
  - schnell gehen,
  - langsam gehen,
  - geometrische Figuren gehen (Kreis, Quadrat, Rechteck),
  - in Zeitlupe gehen,
  - beim Gehen mit Handschlag einander begrüßen,
  - dasselbe in Zeitlupe,
  - beim Gehen auf ein akustisches Signal hin erstarren, beim zweiten Signal Bewegung fortsetzen,
  - ebenso bei der Begrüßung, ebenso bei Zeitlupenabläufen,
  - beim Gehen etwas Verlorenes auf dem Boden suchen,
  - barfuß über heißen Sand gehen,
  - barfuß durch Glasscherben gehen,
  - gehen wie eine alte Oma/ein alter Opa – ein Kindergartenkind – ein Mann/eine Frau mit Kinderwagen – ein Mann/eine Frau mit einem schweren Koffer – ein Mann/eine Frau mit einem Hund an der Leine – ein Roboter – wie aufgezogene Puppen.

  Beim Gehen bewegt sich jedes Kind kreuz und quer durch den zur Verfügung stehenden Raum. Zwischen den einzelnen Gangarten kann immer wieder das „normale" Gehen eingeschaltet werden. Die Wechsel erfolgen durch Ansage des SL und anschließendes akustisches Signal von Triangel oder Becken.
- Für einzelne in der Gesamtgruppe:
  Die Gruppe bewegt sich gehend wie oben durch den Raum. Die SL oder ein Kind berührt einzelne Kinder mit einem Stock oder einer zusammengerollten Zeitung. Die Kinder werden dadurch verzaubert und bewegen sich in verzauberter Form weiter (als Märchenfigur/als Tier/als eine andere Person/in anderen Bewegungsformen). Durch eine zweite Berührung werden sie jeweils entzaubert.
- Für Partner:
  - miteinander Ball – Tennis – Tischtennis spielen,
  - eine lange Leiter aus dem Raum tragen,
  - hintereinander hergehen, der zweite ist der Schatten des ersten und ahmt alle Bewegungen nach (Schattenpantomime),
  - Blindenführspiel (allgemein bekannt),
  - Fingerspitzenführen: Die Partner berühren sich mit den Fingerspit-

zen. Der eine führt den anderen (der dabei rückwärts gehen muß) durch leichten Druck durch den Raum. Wechsel der Führung kann mehrmals erfolgen!
- Roboter führen: Ein Partner leitet den anderen durch Kommandos wie rechts, links, vor, zurück, Stop. Wechsel!
- Schaukampf: zwei Partner ringen miteinander, ohne sich zu berühren,
- Schattenboxen: Zwei Partner boxen in Zeitlupe gegeneinander, ohne sich zu berühren,
- Seiltänzer: zwei Partner mimen Seiltanzen und wollen aneinander vorbei.

Handlungspantomimen

● Für Kleingruppen:
- Busfahren: Die Stühle werden hintereinander aufgestellt. Vorne sitzt der Fahrer. Die Fahrgäste (stehend und sitzend) ahmen gleichzeitig seine Bewegungen (nach rechts/nach links/in den Kurven/vor und zurück beim Bremsen und Anfahren) nach. Die Szene kann erweitert werden durch Aussteigen und Zusteigen von Fahrgästen, durch einen Fahrkartenkontrolleur usw.
- Zugfahren: Gemeinsames Fahren in einem Zugabteil. Jeder denkt sich eine Person aus und geht einer Beschäftigung nach.
- Diebe schleichen sich in eine Bank, öffnen den Tresor und stellen fest, daß er leer ist. Als sie fliehen wollen, erscheint die Polizei.
- In einer Gastwirtschaft: Ein Ober nimmt die Bestellung entgegen.
- Bei einem vornehmen Essen. Ein Kind schüttet ein Glas Limonade über die Tischdecke.
- Umgestaltung von Märchen, Kindergeschichten, Bildgeschichten in Handlungspantomimen.
Der letzte Vorschlag benötigt zur Umsetzung Zeit und Vorbereitung. Die anderen Beispiele können nach der Szenenbeschreibung unmittelbar gespielt werden, sollten aber mehrfach wiederholt und dabei erweitert und verbessert werden.
● Für den Partner (auch Kleingruppen):
- Zwei Partner stellen durch einen längeren Handlungshergang (nach vorheriger Absprache) einen Beruf dar.
- Die o. g. Partner-Tätigkeitspantomimen durch Ausbau einer kleinen Szene zu Handlungspantomimen erweitern.
- Scharaden: Komposita durch zwei kleine Szenen spielen, z. B. Haus/Schlüssel – Fenster/Brett – Lampen/Schirm – Stuhl/Bein.

Viele Vorschläge für unterschiedliche Scharadenformen finden sich bei THIERSEN 1990.

● Für Einzelne:
  - Auf einer Wiese Blumen pflücken;
  - Gegen den stürmischen Wind angehen, dabei wird der Hut vom Kopf geblasen;
  - Einen Drachen steigen lassen (evtl. mit Partner);
  - In einem alten Schloß um Mitternacht einem Gespenst begegnen;
  - Etwas Verlorenes suchen und wiederfinden;
  - Barfuß aus einem Scherbenhaufen ein blinkendes Geldstück heraus-holen;
  - Mit einem störrischen Hund spazierengehen;
  - In einem Zauberwald einem Riesen begegnen;
  - Als Riese in einem Zauberwald einem Zwerg begegnen (evtl. mit Partner).

● Sketche:
In der Literatur finden sich kurze Szenen, die als Pantomimen spielbar sind und auch vor Publikum ihre Wirkung nicht verfehlen (z. B. LIETZ/ LANGE 1988).

Von Pantomimen zu Sprechspielen (5. Doppelstunde)

Anfangs wird nochmal an die jetzt schon bestehenden pantomimischen Vorerfahrungen der Kinder angeknüpft. Nach dem gemeinsamen Beginn in der Gruppe wird erstmals ausdrücklich das Spiel des Einzelnen vor der Gruppe verlangt. Schön, wenn sich alle beteiligen – doch sei an das Prinzip der Freiwilligkeit erinnert, das auch nicht durch irgendwelche Gruppen-mechanismen unterlaufen werden sollte. Die Einzelpantomimen dürfen ausgestaltet sein und brauchen sich nicht in sekundenschnell ablaufenden Kurzszenen zu erschöpfen. Darauf sollten die Kinder aufmerksam gemacht werden.

Für die sprachorientierten szenischen Spiele wurde als Einstieg das Spiel nach Szenenbeschreibung gewählt. Die Vorgabe entlastet die Kinder von der schwierigen – zumal in der Gruppe in Übereinstimmung zu bringen-den – Themenfindung, ohne daß die Phantasietätigkeit eingeschränkt wür-de, da die nur grob angedeutete Fabel ausgebaut werden muß.
Die vorhergehenden Sprechübungen dienen dem Warming-up und len-

ken die Aufmerksamkeit auf die Notwendigkeit des deutlichen und lauten Sprechens. Sie helfen auch, die bei manchen Kindern auftretende Scheu vor Sprechszenen nach und nach zu überwinden.

Verlauf

I. Aufwärmen

Die SL beginnt mit Atem- und Lockerungsübungen wie auf den Seiten 36 und 44 beschrieben.
   Alternativ oder ergänzend:
● Eine imaginäre (oder echte) Kerze in einiger Entfernung ausblasen.
● Beim Ein- und Ausatmen wie eine Blume wachsen, größer werden, aufblühen, verblühen, verwelken, schrumpfen.
● Einatmen und beim Ausatmen „alles Schlechte" ausstöhnen.
● Flach auf dem Rücken liegen und ruhig atmen.
● Im schnellen Rhythmus von Klanghölzern durch den Raum laufen/gehen.
Wichtig sind als Vorbereitung für die Sprechszenen auch Lockerungsübungen mit Sprache:
● Auf der Stelle laufen und laut ho-ho rufen.
● Auf der Stelle springen und dabei bis . . . und zurück zählen.
● Schattenboxen: In wechselndem Ausfallschritt springen und jeweils rechte oder linke Faust nach vorne boxen, dazu: he-he.
● Im Kreis stehen und summen, jede/r in bequemer Tonlage: leise-laut-leise (nicht krampfen).
● Schnell sprechen: nimi-nemi-nami-nomi-numi-naumi-neimi-neumi.

II. Handlungspantomime

SL: Nach unserer ersten Begegnung mit den „Außerirdischen" sind wir zu unserem Lagerplatz zurückgekehrt. Wir bereiten ein Lagerfeuer vor und zünden es an.
   Wir setzen uns gemeinsam ans Feuer. Im Kreis geht ein Gefäß mit heißem Tee herum, aus dem jede/r trinkt. Die Kinder führen die Pantomime gemeinsam durch.

III. Einzelpantomime (Handlungspantomime) vor der Gruppe

Einzelne Kinder stellen folgende Handlungspantomimen dar:
− mit einem Gefäß Wasser aus dem nahen Bach holen,

- mit einer Riesenschlange kämpfen,
- angeln und etwas Überraschendes finden.

Die anderen Kinder raten, was es jeweils gewesen ist. Ggf. Wiederholungen.

IV. Sprechübungen

Der Hinweis auf die Bedeutung des lauten und deutlichen Sprechens bei Sprechszenen ist für die Kinder eine einsichtige Begründung dafür, daß die Übungen aus dem Themenbogen herausgehoben sind.

● Die Kinder stehen sich in zwei Reihen an gegenüberliegenden Raumseiten so gegenüber, daß sie jeweils einen Partner oder eine Partnerin haben. Auf ein Zeichen beginnen die Kinder der einen Reihe gleichzeitig ihrem Gegenüber zuzurufen, was sie gestern erlebt oder getan haben. Sie versuchen, sich dabei so verständlich zu machen, daß ihre Mitteilung verstanden wird. Darauf erfolgt die Kontrolle und der Wechsel.
Varianten:
zurufen, was man heute vorhat – ein Märchen erzählen – den Text eines Schlagers/eines Liedes deklamieren.

● Die Kinder skandieren laut einzeln oder in Kleingruppen gleichzeitig die Silben eines Begriffs. Ein Kind versucht herauszuhören, um welchen Begriff es sich handelt.
Beispiele:
Ko – kos – nuß
Ur – wald – pal – me
In – sel – be – woh – ner
Au – ßer – ir – di – sche

Es empfiehlt sich, zu Beginn nicht zu vielsilbrige Begriffe zu wählen.

– Bewegungspause –

V. Stegreifspiel: Spiel nach Szenenbeschreibung

Die SL führt in das Vorhaben „Sprechspiel als Stegreifspiel" ein. Die Form der Vorbereitung in Gruppen ist den Kindern bereits bekannt. Die Gruppen sollen Szenen gemäß einer vorgegebenen Thematik entwickeln und spielen.
4 Aufträge:
1. Bei einem Erkundigungsgang durch unsere Insel auf dem fernen Planeten kommt Ihr an einen großen, reißenden Fluß. Kommt Ihr ans andere Ufer? Einer von Euch will zurück!

2. Bei einem Erkundigungsgang durch unsere Insel auf dem fernen Planeten kommt Ihr zu einer Felsspalte, die in eine tiefe Höhle führt.
3. Bei einem Erkundigungsgang durch unsere Insel auf dem fernen Planeten werdet Ihr plötzlich von einem Gewitter überrascht.
4. Auf einem Erkundigungsgang durch unsere Insel auf dem fernen Planeten kommt Ihr zu einem halbverfallenen Gebäude.

Die Aufträge können nach der Einteilung der Gruppen schriftlich oder
mündlich gegeben werden. Es ist für die jeweils zuschauenden Kinder span-
nender, wenn sie die Spielinhalte der anderen Gruppen nicht kennen.
   Es folgen Vorbereitung in den Gruppen sowie Vorspiele und Nachbesprechung.

Alternativen

Stegreifspiele nach Szenenbeschreibung

● Spiele mit begleitender Hilfe:
   Diese Spiele werden gemeinsam nur kurz vorbesprochen und dann
   mehrmals mit wechselnder Besetzung durchgespielt. Die SL steht neben
   der Szene und gibt immer dann Impulse, wenn das Spiel zu stagnieren
   droht. Er oder sie darf die Kinder auf keinen Fall „verhungern" lassen,
   wenn sie nicht weiter wissen.
   – Einkaufsspiel: Zu Beginn als karge Szene „Käufer/in und Verkäu-
     fer/in in einem Tante-Emma-Laden". Bei Wiederholungen wird die
     Szene durch Einfälle der Spieler, Zuschauer oder SL immer weiter
     ausgeschmückt und verlängert. Die SL kann zum geeigneten Zeit-
     punkt weitere Personen mit bestimmten Aufträgen überraschend in
     die Szene schicken.
   – Beim Fahrkartenverkauf für Bus/Bahn (wie oben auszugestalten).
   – 4 Personen (oder eine Familie) sitzen in der Gondel eines Riesen-
     rads, das wegen eines Stromausfalls plötzlich stehenbleibt. Die Gon-
     del befindet sich in der höchsten Position.
   – Ähnlich: Personen in einem steckengebliebenen Aufzug.
   – 2 Personen/2 Kinder geraten durch ein Versehen im Zoo in das
     Raubtiergehege; hinter ihnen schließt sich automatisch die Tür!
   – Gespräch Vater/Mutter – Kind: Vater oder Mutter wollen das Kind
     nach der Erledigung der Hausaufgaben fragen; das Kind will die Re-
     de möglichst auf anderes bringen.
   – Ausreden erfinden: Beim Spiel einer Kindergruppe mit einem Ball
     geht eine Scheibe zu Bruch. Ein herbeieilender Erwachsener befragt

alle Beteiligten. Jedes Kind denkt sich eine möglichst weit hergeholte Ausrede aus und beweist dadurch, daß es unschuldig ist. Die Erwachsenenrolle kann durch die SL übernommen werden.

- Lottogewinn: Eine Familie verfolgt die Ziehung der Lottozahlen und stellt fest, daß sie 6 richtige hat. Sie beginnt über die Verwendung des Geldes zu diskutieren. Alle haben andere Vorstellungen.
- Wie oben. Zusatz: Plötzlich stellt Vater/Mutter fest, daß der Lottoschein nicht abgegeben wurde!
- Ein Kind sieht einen spannenden Film. Vater/Mutter fordern es zur Hilfe im Haushalt auf.
- Mehrere Personen übernachten in einer Jugendherberge, die in einer alten Burg eingerichtet ist. Mitten in der Nacht hören sie merkwürdige Geräusche.
- A fragt B nach einer Straße. B antwortet umständlich.
- 4 Personen in einem Zugabteil. Der Zug hält plötzlich auf freier Strecke. Oder: Der Zug fährt in einen Tunnel, der nicht endet.

● Streitspiele:
Auch diese Spiele benötigen begleitende Hilfe. Sie sind allerdings stärker auf die Auseinandersetzung und mögliche Lösungen ausgerichtet.

- Streitgespräch nach einem Unfall: Fahrradfahrer/in stößt gegen die unachtsam geöffnete Tür eines Autos. (Kommt es nicht zur Einigung, kann die SL einen Polizisten in die Szene schicken).
- 3 Kinder streiten sich um das Fernsehprogramm.
- 3 Kinder streiten sich um die gemeinsame Freizeitbeschäftigung: A will ins Kino, B ins Schwimmbad, C möchte fernsehen.
- A hat das Spielzeug von B kaputtgemacht.

● Spiele nach Vorbereitung in Gruppen:

- Mehrere Kinder spielen einen Werbespot für einen möglichst phantastischen Gegenstand (z. B. die Zahnbürste, die zugleich als Kamm zu verwenden ist).
- Ähnlich: Anpreisen eines Artikels an einem Verkaufsstand.
- Schiffbrüchige auf einem Floß: Ein Schiff fährt vorbei/eine Insel wird in der Nähe gesichtet.
- Eine Gruppe von Personen hat sich in der Wüste verirrt. Endlich: eine Oase (Begriffe klären) ist in Sicht! Oder?
- Spiel nach einem außergewöhnlichen Thema: Das Gespenst in der Schule – Ein Pferd auf dem Schulhof/im Klassenzimmer – Der Frosch in der Schüssel bei einem festlichen Essen – Ein U-Boot im Schwimmbad.
- Spiel nach einer Ortsangabe: Im Kaufhaus – Auf dem Schulhof – Auf dem Sportplatz – Im Wartezimmer – In einem Lokal.

- Spiele für eine Person: Einzelspiel vor der Gruppe:
  - Schrank öffnen, innen steht ein geschmückter Weihnachtsbaum.
  - Eine Politikerrede halten auf „bla-bli-bla-blo" oder auf die Verse eines Kurzgedichts, eines Liedes usw. (Zuhörer können mit entsprechenden Reaktionen, z. B. Beifall, mitspielen.)
  - Telefonieren:
    Telefonate nach einem selbstgewählten Inhalt;
    Inhalte und/oder Gesprächspartner werden vorgegeben: eine Mitschülerin nach den Hausaufgaben fragen – zu Hause anrufen und berichten, daß man nachsitzen muß – beim Zahnarzt anrufen und (aus Angst) einen Termin absagen – die Polizei anrufen: Einbrecher sind in der Wohnung – bei der Feuerwehr anrufen, weil man einen Brand gemerkt hat – bei der Polizei anrufen und einen Unfall melden.

Alle Telefonspiele können auch als Partnerspiele durchgeführt werden.

  - Zur Tür hereinkommen mit den Worten: „Darf ich hereinkommen?" Dabei vorher ausdenken, wer oder was sich im Raum befinden könnte.

Exkurs: Zur Themenfindung bei Stegreifspielen

Bei den von der SL eingebrachten Rahmenthemen stellt sich regelmäßig die Frage nach der Kindorientierung, d. h. nach den Bezügen zur kindlichen Wirklichkeit. Gültig bleibt der Grundsatz, daß die Situationen dem Erfahrungsbereich des Kindes entnommen sein müssen. Diese Feststellung hilft allerdings noch nicht allzu viel, denn es ließe sich weiter fragen, wer denn diese Erfahrungsbereiche definiert. Erfahrungen in realen Wirklichkeitsbezügen sind längst von medial vermittelten überdeckt. Individuelle Unterschiede und soziale Differenzierungen machen das Bild noch bunter. Hinzu kommt, daß sich der Bereich des Phantastischen, Mystischen, Märchenhaften jeder realen Erfahrung entzieht.

Wer Kinder bei selbst definierten Rollenspielen beobachtet, stellt fest, daß sie mit Vorliebe in Rollen schlüpfen, denen eine persönliche Erfahrung gar nicht zugrunde liegen kann, z. B. wenn sie Erwachsenenrollen übernehmen. Der Begriff „Erfahrung" muß also sehr weit verstanden werden und darf nicht auf ein „Individuelles Erlebthaben" begrenzt sein. Das Auswahlkriterium läßt sich wohl besser beschreiben, wenn man von einem kindlichen Verständnishorizont ausgeht, der nicht überschritten werden darf, der aber immer im konkreten Fall definiert werden muß. So gesehen kann ein Kind die Rolle von Vater oder Mutter übernehmen. Es kann auch den erwachsenen Autofahrer spielen, der nach einem Unfall über den Schaden an seinem Fahrzeug klagt. Es könnte aber kaum den Manager spielen, der sich in einer Konferenz über die notwendige Entlassung von Mitarbeitern ausläßt. Grundsätzlich bleiben Erwachsenenrollen möglich, und kindliche Kreativität wäre unzulässig eingeschränkt, wollte man diesen Bereich ausklammern.

Bei der Themenfindung können und sollen die Kinder beteiligt sein. Brauchbare, von ihnen entwickelte Ideen sind immer den durch die SL vorgegebenen vorzuziehen. Dennoch bedarf es der vielfältigen Anregung durch die SL, von der die Ergiebigkeit einzelner Szenen besser eingeschätzt werden kann. Die o. g. Themenvorschläge sind wie die themengebundenen der Einheiten immer als Rahmenvorgabe zu verstehen, mit der Kinder ohnehin unkompliziert und frei umspringen werden.

Für die meisten Szenen ist es wichtig, daß sich die Kinder, bevor das Spiel beginnt, über die Rolle, d. h. über die von ihnen dargestellte Person im klaren sind. Die alte, gehbehinderte Frau verlangt ein anderes Spiel als die hilfsbereite, junge Verkäuferin oder der umständliche Fahrkartenverkäufer. Rollenvorstellungen sollen von den Spielern und Spielerinnen – soweit sie nicht durch eine Szenenbeschreibung festgelegt sind – selbst entwickelt werden. Am Anfang können Impulse hilfreich sein. Die SL kann den Kindern einen kleinen Fragebogen (Kopiervorlage 4, S. 126) geben, mit dessen Hilfe sie eine kleine Rollenbiographie entwickeln können. Die schriftliche Form zwingt zur Auseinandersetzung mit der vorgestellten Rolle.

Eine solche Rollenbiographie wird anhand des Fragebogens zunächst beispielhaft von der gesamten Gruppe erstellt. Sie ist auf eine Szene bezogen, die den Kindern bekannt ist und die vielleicht schon gespielt wurde.

Genauer beschrieben wird eine der mitspielenden Personen. Wenn die Kinder die Idee begriffen haben, können sie selbständig mit dem Fragebogen arbeiten. In jedem Fall muß ihnen aber vorher die Thematik der Szene bekannt sein. Erst nach dem Spiel werden die Rollenbiographien „veröffentlicht". Sie sind ein unbestechlicher Zeuge dafür, ob das Spiel des Darstellers oder der Darstellerin der vorgestellten Person entspricht. Schriftlich fixierte Rollenbiographien sind daher für gründliche Nachbesprechungen von besonderem Wert.

Stegreifspiele nach Gegenständen (6. Doppelstunde)

Das im Mittelpunkt stehende Stegreifspiel nach Gegenständen stellt hohe Anforderungen: Die Kinder müssen einen inhaltlichen Zusammenhang herstellen, also eine Fabel entwickeln, sie als Szene gestalten, Personen erfinden, Rollen unter sich aufteilen und das Spiel ohne Textgrundlage proben. Angesichts dieser komplexen Ansprüche ist die Gruppeneinteilung besonders wichtig und darf nicht dem Zufall überlassen bleiben. Die SL dürfte die Kinder in ihren kreativen, sprachlichen und spielerischen Möglichkeiten recht genau kennen und muß vermeiden, daß es zur Bildung von „Star"-Gruppen kommt, gegenüber denen andere Gruppen u. U. stark abfallen. Zudem können sich die Kinder mit hoher Kreativität gegenseitig im Wege stehen, wenn sie in einer Gruppe konzentriert werden.

Für die vorbereitende Gruppenarbeit muß viel Zeit angesetzt werden. Kinder neigen dazu, nach dem Sammeln erster Ideen sofort vorspielen zu wollen, was wegen fehlender Planung und mangelnder Absprache in der Regel mißlingt. Sie müssen schon auf die gründliche Vorbereitung verpflichtet werden.

Die Spielergebnisse werden die Tendenz aufweisen, die vorgegebenen Begriffe episodisch der Reihe nach in die Spielhandlung einzubetten. Da auch dafür eine übergreifende Fabel gefunden werden muß, sind solche Lösungen akzeptabel. Besser und eher im Sinne der Aufgabenstellung – allerdings auch wesentlich schwieriger – ist es, die Gegenstände motivisch miteinander in unmittelbaren Bezug zu bringen.

Sollte eine Gruppe zu keinem spielbaren Ergebnis kommen, ist dies von der SL und den anderen Kindern zu akzeptieren. Im gemeinsamen Gespräch werden die Gründe reflektiert: Zu schwierige Aufgabenstellung? Uneinigkeit in der Gruppe? Zu wenig Zeit? Fehlende Ideen? . . .

Eine nicht leicht zu bewältigende Aufgabe wächst der SL dann zu, wenn es zu Streitigkeiten bei der Planung kommt. Kinder können sich beleidigt zurückziehen, wenn ihre Ideen bei den anderen nicht ankommen. Andere wollen ihre eigenen Vorstellungen in jedem Fall durchsetzen usw. Hier ist Fingerspitzengefühl gefragt. Geschickte Impulse zur Weiterarbeit können mitunter Wunder bewirken.

Die nach der Bewegungspause aufgelisteten Streitspiele sind als „Zeitpuffer" gedacht und können entfallen, wenn die Gruppenspiele in Planung und Realisierung zu viel Zeit beanspruchen. Es kann sinnvoller sein, eines oder mehrere der Stegreifspiele zu wiederholen, zumal die anschließende Besprechung nicht auf ein globales „Das habt ihr schön gemacht!" beschränkt bleiben sollte.

Verlauf

I. Aufwärmen

Beginn mit Atem- und Lockerungsübungen, siehe dazu die Seiten 36, 44 und 51. Alternativ oder ergänzend Bewegung zu Musik und Rhythmus:

● Kinder bewegen sich zum rhythmischen Schlag von Klanghölzern frei im Raum oder in Schlangen hintereinander.
  Ebenso: zur Musik vom Kassettenrecorder.
● Auf der Stelle laufen oder springen und dazu Abzählverse skandieren.
● Stimmhaftes „mmmmm" summen.
● Schnell sprechen: ni-ne-na-no-nu-nä-nö-nü-nau-nei-neu.

II. Sprechübungen

● Die Kinder ziehen einen aus dem Zusammenhang gegriffenen Satz aus einem Lese- oder Kinderbuch, möglicherweise auch aus einer Zeitung heraus und lernen ihn auswendig.
  Sie gehen ungeordnet im Raum und sagen den Satz auf Weisung (alle gleichzeitig) in der angegebenen Art und Weise vor sich hin:
  – schnell sprechen;
  – in „Zeitlupe" sprechen;
  – flüstern;
  – stotternd, lallend sprechen;
  – singend sprechen;
  – auf bestimmte Vokale sprechen (wie beim Lied: Drei Chinesen . . .).
● Spiel mit Unsinnsätzen

Anhand von gezogenen Karten (Kopiervorlage 5, S. 127 ff.) stellen die Kinder Unsinnsätze zusammen, die sie auswendig lernen und ungeordnet im Raum gehend nach folgenden Anweisungen unablässig (alle gleichzeitig) aufsagen:
  – schnell/langsam/laut/leise;
  – den Satz als Begrüßung zu jedem sagen, dem man begegnet;
  – den Satz als Bahnhofsdurchsage aufsagen;
  – den Satz als Redner (Politiker) bei einer großen Veranstaltung sagen;
  – traurig oder freudig sagen;

- einer weit entfernten Person zurufen;
- als Dialog zwischen 2 Kindern (In Wechselrede).

Die aus der Kopiervorlage erstellten Karten werden vor Beginn des Spiels nach den Nummern sortiert. Jedes Kind zieht aus den Stapeln mit den Nummern 1, 2, 3 und 4 jeweils eine Karte und stellt mit den vier gezogenen Karten seinen Satz zusammen.

III. Stegreifspiel nach Gegenständen

Die SL führt in das Spiel nach Gegenständen ein. Das Spiel sollte gemäß den folgenden Kombinationen entwickelt und in den vorgegebenen inhaltlichen Bezug gesetzt werden: Spiel am Lagerplatz der Raumfahrer.

Fernglas – Ball – Schaufel;
Fernglas – Ball – Buch;
Ball – Schaufel – Buch;
Fernglas – Schaufel – Buch.

Die Aufgabenvermittlung kann in zweifacher Weise erfolgen:
    Jede Gruppe stellt sich aus den 4 vorgegebenen Begriffen eine eigene Dreierkombination zusammen. Oder: Die SL teilt die 4 unterschiedlichen Dreierkombinationen selbst den Gruppen zu.
    Die unterschiedliche Kombination derselben Begriffe ermöglicht einen Vergleich der Spielergebnisse und provoziert dennoch Variationen.
    Wollen Gruppen eine Fabel – unabhängig vom übergreifenden Raumfahrt-Themenzusammenhang entwerfen, ist ihnen das selbstverständlich gestattet. Die Gegenstände können realiter zur Verfügung gestellt werden. Es genügt aber auch die pantomimische Handhabung. Die „Zuschauer" sollten die jeweiligen Begriffskombinationen nach dem Spiel benennen können. Sie sollten also nicht vorher darüber in Kenntnis gesetzt werden. Es folgen Vorbereitung in den Gruppen und nach der

– Bewegungspause –

die Vorspiele mit Nachbesprechung.

IV. Stegreifspiel nach Szenenbeschreibung (Streitspiel)

Falls noch Zeit bleibt, leitet die SL über zu zwei kurzen Streitspielen, die nach gemeinsamer Absprache direkt von jeweils 2 Schülern/Schülerinnen vorgespielt werden (begleitende Impulse durch die SL).

● Zwei haben sich im Urwald verlaufen. Beide glauben, den richtigen Rückweg zu kennen, meinen aber verschiedene Richtungen zum Lager. Lösung?

- A hat einen wunderschönen, schimmernden Stein am Ufer im Wasser gefunden. Er/Sie hat ihn abgelegt, vergaß ihn dann mitzunehmen. B sah ihn liegen, nahm ihn an sich. Wem gehört er? Einigung?

Beide Spiele können durch jeweils andere Kinder wiederholt werden.

Alternativen zum Stegreifspiel nach Gegenständen

- Andere Zusammenstellungen von Allerweltsgegenständen.
- Ein einzelner Gegenstand wird zur Vorgabe eines Spiels.
- Ein Spiel nach vorgegebenen oder selbstgewählten Gegenständen und Kostümen einer Verkleidungskiste.
- Ein Spiel nach Gegenständen, bei dem zusätzlich die Berücksichtigung eines bestimmten Genres zur Auflage gemacht wird, z. B. spielt einen Krimi – einen Western – eine Clownszene – ein Märchen.
- Eine größere Menge von Gegenständen wird unter einer Decke verborgen. Jede Gruppe zieht sich – oder ertastet – jeweils drei Gegenstände als Spielvorgabe.
- Spiel nach Gegenständen und/oder Begriffen und einer vorgegebenen Emotion:
Gegenstände/Begriffe sowie Emotionen werden verdeckt aus einer Anzahl von Kärtchen gezogen (dazu Kopiervorlage 6, S. 130). Die nach der Vorlage gefertigten Karten werden zunächst in die 3 Stapel „Emotion", „konkreter Begriff", „abstrakter Begriff" aufgeteilt. Jede Spielgruppe zieht von jedem Stapel jeweils eine Karte und erhält durch die aufgedruckten Begriffe die Vorgabe für ihr vorzubereitendes Spiel.

Stegreifspiele nach Motiven oder Reizwörtern (7. Doppelstunde)

Natürlich werden viele Kinder die „Lösung" der Raumfahrtgeschichte längst erahnt, vielleicht auch benannt haben. Man mag diesen kleinen Kunstgriff entschuldigen. Er ermöglichte es, Raumfahrer und Dorfbewohner vorurteilslos gegenüberzustellen und aus dem gegenseitigen Nichtverstehen die Pantomime als logische Konsequenz abzuleiten. Andererseits wurden die gewünschten Spielinhalte nicht durch die einer fernen, irrealen Sternenwelt ersetzt.

Dem aufmerksamen Leser, der aufmerksamen Leserin wird nicht entgangen sein, daß das Thema vieler Spiele elementare menschliche Grunderfahrungen sind: Feuer machen, eine Hütte bauen, vor einem Unwetter Schutz suchen, durch hohes Gras gehen, einen Fluß durchwaten usw. Naturerfahrungen sind in der hochtechnisierten Welt auch für Kinder selten geworden. Dennoch sind sie ihnen nicht unbekannt. Reale und medial übermittelte Erfahrungen mischen sich. Die Spiele können Realität nicht ersetzen, aber ermöglichen das Probehandeln in der Phantasie.
   Für das Spiel nach Motiven oder Reizwörtern verweise ich auf S. 57. Die abstrakten Begriffe erhöhen die Anforderung.

Verlauf

I. Aufwärmen

Zu Beginn Atem- und Lockerungsübungen. Siehe dazu die Seiten 36, 44, 51 und 58.

II. Sprechübung

Jahrmarkt – einige Kinder sind die Karusell- und Budenbesitzer und Losverkäufer und versuchen gleichzeitig und lautstark die anderen als Marktbesucher zu werben.

III. Stegreifspiel nach Motiven/Reizwörtern

SL führt in die Situation ein: Landung auf dem fernen Planeten – mißlungene Kontaktversuche zu den Inselbewohnern. Die Raumfahrtgeschichte soll durch Szenen von den Kindern fortgeführt werden:

Setzt unsere Geschichte durch ein Spiel fort, in dem folgende Motive/Begriffe eine Rolle spielen: Heimweh – Entdeckung – Freude.

Den Kindern muß verdeutlicht werden, daß es nicht darauf ankommt, die vorgegebenen Begriffe im Spiel zu verbalisieren; diese sollen vielmehr sinntragende Elemente des zu entwickelnden Spiels sein.

Es folgt Vorbereitung in den Gruppen und Vorspielen und Nachbesprechung.

Die Spiele der Kinder könnten zur „Lösung" der Raumfahrtgeschichte führen: Wir sind nach der Havarie im All nicht wie angenommen auf einem fremden Planeten gelandet, sondern auf unserer Erde – auf einer fremden Insel. Die „außerirdischen" Inselbewohner waren uns nur wegen ihrer anderen Sprache fremd, und sie hatten Angst vor uns, weil sie ihrerseits uns wegen der Raumanzüge und Helme für „Außerirdische" hielten.

IV. Stegreifspiel nach Szenenbeschreibung

Ergänzend oder als gemeinsames Lösungsspiel (falls die Gruppenergebnisse anders sind) leitet die SL zu einem gemeinsamen Spiel über.

Die Gruppe wird geteilt in Raumfahrer und Inselbewohner. Gemeinsam mit den Kindern werden folgende Spielschritte vorbereitet:
1. Die Raumfahrer an ihrem Lagerplatz: Sie sehnen sich nach der Erde zurück und sind niedergeschlagen, weil sie nicht wissen, ob sie jemals zurückkehren können.
2. Die Inselbewohner kommen zu einem Gegenbesuch.
3. Einer der Inselbewohner spricht die Raumfahrer in ihrer Sprache an. Sie erfahren von ihm, daß sie nicht auf einem fremden Stern, sondern auf der Erde gelandet sind.
4. Gemeinsam feiern sie ein Freudenfest (z. B. gemeinsamer Tanz zu den Klangstäben um ein gedachtes Feuer).
   Die vorbereitete Szene wird ein- oder zweimal gespielt.

Alternativen zum Stegreifspiel nach Motiven/Reizwörtern

(jeweils nach Vorbereitung)
● Spiel nach Motiven.
   Beispiele:
   Film – Dachboden – Erinnerung
   Vase – Los – Ärger

Dunkelheit – Überraschung – Keller
Aufgaben – Mülleimer – Freude
usw.

- Spiel nach nur einem vorgegebenen Reizwort (konkrete Begriffe erleichtern die Aufgabe).
- Scharaden: Jahreszeiten spielen und erraten – Feste spielen und erraten – Komposita spielen und erraten. Beispiele: Hauswand: 1. Szene „Haus"/2. Szene: „Wand".
- Spiel nach Motiven erwürfeln.
  An der Tafel werden 3 Spalten angelegt:
  Personen – Ort – Tätigkeit.
  Auf Vorschläge der Kinder wird jede Spalte mit 6 Begriffen gefüllt. Untereinander angeschrieben erhalten sie die Zahlen 1 bis 6.
  Jede Gruppe darf mit einem möglichst großen Würfel dreimal würfeln und sich so drei Begriffe für ein Spiel zusammenstellen.

Stegreifspiel nach Stichwortsätzen (8. Doppelstunde)

Mit dieser Einheit endet der thematische Spannungsbogen. Die von den Kindern abverlangten Stegreifspiele setzen Spielerfahrungen voraus, die sie im Verlauf der Einheiten gewonnen haben. Für die Spiele nach Stichwortsatz verweise ich wieder auf Seite 57. Die anderen als Spiel nach Szenenbeschreibung benannten Stegreifspiele haben insofern erhöhte Anforderungen, als keine langen Vorbereitungsphasen zugestanden werden. Dennoch: Ohne einen Moment der Vorüberlegung sollten Kinder auch nicht in diese Szenen geschickt werden.

Verlauf

I. Aufwärmen

Beginn mit Atem- und Lockerungsübungen, s. Seite 36, 44, 51 und 58.

II. A Stegreifspiele nach Szenenbeschreibung für wenige Spieler vor der Gruppe

Die SL führt in die Situation ein:
  Nach dem großen Freudenfest auf der Insel ist der Rückflug geplant.

Hinter dem Dorf liegt ein kleiner Flughafen. Über Funk haben die Inselbe-wohner ein Flugzeug bestellt.

Spiel 1:

A will auf der Insel bleiben. B und C versuchen, A zum Mitflug zu bewe-gen.

Spiel 2:

D hat jetzt Angst vor dem Fliegen. E und F versuchen, D diese Angst aus-zureden.

II. B Stegreifspiele nach Szenenbeschreibung für einen Spieler vor der Gruppe

Spiel 3:

G ruft zu Hause an und meldet, daß er gesund ist. H ruft einen Ingenieur des Raumfahrzeug-Startflughafens an und berichtet.

II. C Stegreifspiel nach Szenenbeschreibung für die ganze Spielgruppe mit herausgehobener Rolle

Spiel 4:

Ankunft zu Hause nach dem Flug: Ein Fernsehteam macht Filmaufnah-men und eine Reporterin interviewt die Heimkehrer.

Je nach verfügbarer Zeit kann dieses Spiel auch als Spiel von Gruppen nach entsprechender Vorbereitung in den Gruppen durchgeführt wer-den.

– Bewegungspause –

III. Stegreifspiel nach Stichwortsatz

Die SL führt in das Spiel nach Stichwortsatz ein. 2 bis 3 Kinder spielen je-weils eine der Szenen, die in einen Schlußsatz einmünden oder von einem Anfangssatz ausgehen sollen.

Beispiele:

„Wo habt ihr denn die ganze Zeit gesteckt?" (Anfangssatz)

„Warum hast du nicht achtgegeben?" (Anfangssatz)

„Jetzt kommt endlich zum Essen!" (Schlußsatz)

„Bitte laßt uns in Ruhe!" (Schlußsatz)

Bei ihrem Spiel können die Kinder auch vom übergeordneten Thema unab-hängige Inhalte wählen. Spielwiederholungen mit variierenden Besetzungen sind ratsam. Nach jedem Spiel erfolgt eine gründliche Nachbesprechung.

Alternativen zum Stegreifspiel nach Stichwortsatz

- Einzel- oder Partnerspiele nach einführendem Satz:
  - „Ich schaffe das nicht!"
  - „Was ist denn mit dir los?"
  - „Das lasse ich mir nicht gefallen!"
  - „Laß mich doch endlich in Ruhe!"
  - „Hör mir doch endlich einmal zu!"
  - „Immer ich!"
- Einzel- oder Partnerspiele mit Schlußsatz:
  - „Das habe ich doch gleich gesagt!"
  - „Endlich hast du's kapiert!"
  - „Das ist noch einmal gut gegangen!"
  - „Haben wir ein Glück gehabt!"
  - „Das hätte schief gehen können!"
  - „Das darf nicht noch einmal passieren!"
- Spiele nach Redewendungen oder Sprichwörtern (vorher den Sinn besprechen!):
  - Mit dem Kopf durch die Wand wollen.
  - Lügen haben kurze Beine.
  - Wer anderen eine Grube gräbt, ...

Reflexionsphase

Bevor sich die Gruppe szenischen Spielen auf der Grundlage von Texten zuwendet, ist ein Atemholen angebracht. Die Kinder verfügen inzwischen über Spielerfahrungen und kennen eine ganze Bandbreite möglicher Stegreifformen. Sie sollten Gelegenheit erhalten, über ihre Erfahrungen zu sprechen. Eine Reflexionsphase vor dem Übergang zu textbezogenen Spielformen sollte jedenfalls nicht fehlen.

Außerdem werden sie bei den Einheiten Wünsche nach Wiederholung einzelner Spiele geäußert haben, die nicht immer berücksichtigt werden können. Auch zusätzliche oder weiterführende Ideen sind vielleicht nicht gebührend beachtet worden.

Es ist also angebracht, Zeit für solche Bedürfnisse einzuräumen. Möglicherweise hält auch die SL eine vertiefende Weiterbeschäftigung mit den bisherigen Spielformen für sinnvoll und kann auf die jeweils aufgeführten Alternativvorschläge zurückgreifen.

Sinnvoll kann es auch sein, den thematischen Zusammenhang z. B. nach der Seite 49 zu unterbrechen und schon dort eine Phase der Reflexion und ggf. der Vertiefung oder Weiterführung einzurichten.

3. „Die Schildbürger bauen ein Rathaus" – Spiel nach epischen Textvorlagen

Eine längerfristig angelegte Theaterspielarbeit mit Kindern wird es kaum bei den im vorigen Kapitel vorgestellten Kurzszenen belassen wollen, sondern bald umfangreichere szenische Spiele anstreben. Eine Mittelstellung zwischen den Stegreifszenen und dem eigentlichen Textspiel nehmen Spiele ein, die Erzähltexten nachgestaltet sind. Sie werden gründlich geplant und vorbereitet, haben nicht mehr das für Stegreifspiele typische Charakteristikum der Offenheit, beruhen aber dennoch bei der Durchführung auf der sprachlichen Improvisation. Zwar lassen sich solche Spiele in ihrem Dialogverlauf fixieren, doch handelt es sich dann um ein aus einer epischen Vorlage gewonnenes Textspiel.

Narrative Texte einerseits und dramatische Texte andererseits haben unterschiedliche Strukturmerkmale, auf die an dieser Stelle nur verwiesen werden kann. Eine Umgestaltung verlangt zunächst eine gründliche Analyse des vorliegenden Textes und sodann eine schöpferische Eigenproduktion. Keine erzählerische Vorlage kann unmittelbar gespielt werden, es sei denn, man führte einen außerhalb der Handlung stehenden Sprecher ein und beschränkte das Spiel im wesentlichen auf die gegebenen Dialoge, was in den wenigsten Fällen gelänge. In aller Regel müssen Handlungsstränge verändert, erweitert, verkürzt werden, muß der Personenbestand überprüft werden und bedürfen vor allen Dingen die Dialoge der Ergänzung, indem die vorhandenen ausgeweitet und Informationen und Beschreibungen des Erzählers dialogisiert werden.

Schon aus diesen knappen Andeutungen wird ersichtlich, daß eine Dramatisierung von Erzähltexten ein anspruchsvolles Unternehmen ist, das entsprechende Zeit verlangt.

Spiel einer Kernszene

Mit Absicht ist nicht von „der" Kernszene die Rede. Es soll nicht suggeriert werden, als gebe es in jeder Erzählung eine Art von novellistischem Wendepunkt. Doch jeder Text enthält wesentliche Passagen, die für seinen Sinngehalt von besonderer Bedeutung sind. Einen dieser Textabschnitte gilt es zu finden und in eine Szene umzugestalten.

Dazu sind in einer Erarbeitungsphase mit den Schülern folgende Arbeitsschritte erforderlich:
- Einführung/Anlesen des Textes;
- Lesen und Besprechen des Textes;
  (Die von der Deutschdidaktik bereitgestellten methodischen Anregungen zum Umgang mit Texten bleiben hier unerwähnt.);
- Gliederung des Textes in Handlungsschritte und Zuordnung von Textabschnitten;
- Stichwortartige Erfassung der Handlungsschritte an der Tafel;
- Auswahl eines Textabschnitts als Vorlage für eine Szene;
- Ausgestaltung der gewählten Szene:
  Aufbau eines Handlungsgerüsts und ggf. stichwortartige Erfassung an der Tafel;
  Festlegung von Ort und Zeit;
  Überlegungen zum Personenbestand, insbesondere: Müssen, können, sollen Personen hinzuerfunden werden? Müssen Veränderungen bei den übernommenen Personen vorgenommen werden, z. B. in ihrer Bedeutung, in der Reihenfolge und Häufigkeit ihres Auftretens usw.?
  Charakterisierung der Personen: Name, Alter, evtl. Aussehen, Herkommen/Lebenslauf, Beruf, besondere Eigenschaften . . .
- Entwurf möglicher Dialogmuster: Sie sind keineswegs verbindlich gedacht, sondern dienen als Improvisationshilfen und/oder zur Orientierung für den Fortgang der Szene.
- Überlegungen zum Spielraum, zu Requisiten und Kostümen: Da es sich um ein Stegreifspiel handelt, das in der Regel ohne geladene Zuschauer im Klassenraum zur Aufführung kommt, erübrigt sich eine umständliche Bühneneinrichtung. Auf Kostüme kann ebenso verzichtet werden wie auf schwer beschaffbare Requisiten, die „pantomimisch" gehandhabt werden können.

Nach Abschluß der Planungen erfolgt das Spiel, dem freilich noch die Rollenverteilung vorausgehen muß. Sie braucht keine Probleme aufzuwerfen, denn die gründlich vorbereitete Szene wird nicht nur einmal gespielt. Den Wiederholungen mit wechselnden Rollenbesetzungen sollten Reflexionsphasen vorausgehen.

An einem Beispiel soll nachfolgend konkretisiert werden, wie das von einer Kindergruppe entwickelte Spiel einer Kernszene aussehen könnte. Ich greife dabei auf die gemeinsame Erarbeitung mit Kindern einer Schultheatergruppe zurück.

Meine Empfehlungen beziehen sich auf den sachlogischen Arbeitsprozeß, der von der Textvorlage zur Szene führt, ausdrücklich nicht auf die inhaltlichen Ergebnisse. Sie lassen sich nicht vorwegnehmen, und wer sie „verordnen" wollte, übersieht die Unvereinbarkeit eines solchen Vorgehens mit der beabsichtigten Spielform des (vorbereiteten) Stegreifspiels. Eine andere Theatergruppe kann u. U. zu ganz anderen Auffassungen etwa bei der Einteilung der Textabschnitte und insbesondere bei der Wahl und Ausgestaltung der Kernszene kommen.

Auch eine Diskussion methodischer Fragestellungen halte ich für müßig. In welchen Gesprächs- und Sozialformen sich die Arbeit der Gruppe vollzieht, muß der Einschätzung und Planung der SL überlassen bleiben, der auf professionelles Wissen um Lehr- und Lernprozesse zurückgreifen kann.

Als Vorlage für das Spiel einer Kernszene wählte ich Erich Kästners Nacherzählung von den Schildbürgern, insbesondere aus drei Gründen:

1. Von den Torheiten aufgeblasener Wichtigtuer zu hören bereitet noch allemal Freude. Ältere Grundschulkinder amüsieren sich gern über die Karikatur einer Erwachsenenwelt, die vor lauter Geschäftigkeit und sich selbst zumessender Bedeutung dazu neigt, das Wesentliche zu übersehen.
2. Kästners kräftiger und bildhafter Stil spricht die Kinder an und kommt der Umwandlung des Erzähltextes in einer Spielfassung entgegen.
3. Es gibt keine „Star-Rollen". Schildbürgerspiele sind Gruppenspiele und weisen viele Personen aus, so daß alle, die mitspielen wollen, zum Zuge kommen.

Die Schildbürger bauen ein Rathaus

Der Plan, das neue Rathaus nicht viereckig, sondern dreieckig zu bauen, stammte vom Schweinehirten. Er hatte, wie schon gesagt, den Schiefen Turm von Pisa erbaut, der mittlerweile eine Sehenswürdigkeit geworden war, und erklärte stolz: „Ein dreieckiges Rathaus ist noch viel sehenswerter als ein schiefer Turm. Deshalb wird Schilda noch viel berühmter werden als 5 Pisa!" Die andern hörten das mit großem Behagen. Denn auch die Dummen werden gerne berühmt. Das war im Mittelalter nicht anders als heute.

So gingen also die Schildbürger schon am nächsten Tag morgens um sieben an die Arbeit. Und sechs Wochen später hatten sie die drei Mauern auf- 10 gebaut. In der dem Marktplatz zugekehrten Breitseite war ein großes Tor ausgespart worden. Und es fehlte nur noch das Dach. Nun, auch das Dach kam bald zustande, und am Sonntag darauf fand die feierliche Einweihung des neuen Rathauses statt.

15 Sämtliche Einwohner erschienen in ihren Sonntagskleidern und begaben
    sich mit dem Schweinehirten an der Spitze in das weißgekalkte, dreieckige
    Gebäude. Doch sie waren noch nicht an der Treppe, da purzelten sie auch
    schon durcheinander, stolperten über fremde Füße, traten irgendwem auf
    die Hand, stießen mit den Köpfen zusammen und schimpften wie die Rohr-
20 spatzen. Die drin waren, wollten wieder heraus. Die draußen standen,
    wollten unbedingt hinein. Es gab ein fürchterliches Gedränge! Endlich lan-
    deten sie alle, wenn auch zerschunden und mit Beulen und blauen Flecken,
    wieder im Freien, blickten einander ratlos an und fragten aufgeregt: „Was
    war denn eigentlich los?" Da kratzte sich der Schuster hinter den Ohren und
25 sagte: „In unserm Rathaus ist es finster!" „Stimmt!" riefen die andern. Als
    aber der Bäcker fragte: „Und woran liegt das?" wußten sie lange keine Ant-
    wort. Bis der Schneider schüchtern sagte: „Ich glaube, ich hab's." „Nun?"
    „In unserm neuen Rathaus", fuhr der Schneider bedächtig fort, „ist kein
    Licht!" Da sperrten sie Mund und Nase auf und nickten zwanzigmal. Der
30 Schneider hatte recht. Im Rathaus war es finster, weil kein Licht drin
    war!
        Am Abend trafen sie sich beim Ochsenwirt, tranken ein Bier und berat-
    schlagten, wie man Licht ins Rathaus hineinschaffen könne. Es wurden eine
    ganze Reihe Vorschläge gemacht. Doch sie gefielen ihnen nicht besonders.
35 Erst nach dem fünften Glas Braunbier fiel dem Hufschmied das Richtige ein.
    „Das Licht ist ein Element wie Wasser", sagte er nachdenklich. „Und da
    man das Wasser in Eimern ins Haus trägt, sollten wir's mit dem Licht genau-
    so machen!" „Hurra!" riefen sie alle. „Das ist die Lösung!"
        Am nächsten Tag hättet ihr auf dem Marktplatz sein müssen! Das heißt,
40 ihr hättet gar keinen Platz gefunden. Überall standen Schildbürger mit
    Schaufeln, Spaten, Besen und Mistgabeln und schaufelten den Sonnen-
    schein in Eimer und Kessel, Kannen, Töpfe, Fässer und Waschkörbe. Andre
    hielten große, leere Kartoffelsäcke ins Sonnenlicht, banden dann die Säcke
    geschwind mit Stricken zu und schleppten sie ins Rathaus. Dort banden sie
45 die Säcke auf, schütteten das Licht ins Dunkel und rannten wieder auf den
    Markt hinaus, wo sie die leeren Säcke von neuem aufhielten und die Eimer
    und Fässer und Körbe wieder vollschaufelten. Ein besonders Schlauer hatte
    eine Mausefalle aufgestellt und fing das Licht in der Falle. So trieben sie es
    bis zum Sonnenuntergang. Dann wischten sie sich den Schweiß von der
50 Stirn und traten gespannt durch das Rathaustor. Sie hielten den Atem an. Sie
    sperrten die Augen auf. Aber im Rathaus war es noch genauso dunkel wie
    am Tag zuvor. Da ließen sie die Köpfe hängen und stolperten wieder ins
    Freie.
        Wie sie so auf dem Markt herumstanden, kam ein Landstreicher des
55 Wegs und fragte, wo es denn fehle. Sie erzählten ihm ihr Mißgeschick, und

70

daß sie nicht ein noch aus wüßten. Er merkte, daß es mit ihrer Gescheitheit nicht weit her sein konnte, und sagte: „Kein Wunder, daß es in euerm Rathaus finster ist! Ihr müßt das Dach abdecken!" Sie waren sehr verblüfft. Und der Schweinehirt meinte: „Wenn dein Rat gut sein sollte, darfst du bei uns in Schilda bleiben, solange du willst." „Jawohl", fügte der Ochsenwirt hinzu, 60 „und essen und trinken darfst du bei mir umsonst!" Da rieb sich der Landstreicher die Hände, ging ins Wirtshaus und bestellte eine Kalbshaxe mit Kartoffelsalat und eine Kanne Bier. Tags darauf deckten die Schildbürger das Rathausdach ab, und, o Wunder!, mit einem Male war's im Rathaus sonnenhell! Jetzt konnten sie endlich ihre Ratssitzungen abhalten, Schreib- 65 arbeiten erledigen, Gemeindewiesen verpachten, Steuern einkassieren und alles übrige besorgen, was während der Finsternis im Rathaus liegengeblieben war. Da es damals Sommer war und ein trockner Sommer obendrein, störte es nicht weiter, daß sie kein Dach überm Kopf hatten. Und der Landstreicher lebte auf ihre Kosten im Gasthaus, tafelte mittags und abends, was 70 das Zeug hielt, und kriegte einen Bauch.

Das ging lange Zeit gut. Bis im Herbst graue Wolken am Himmel heraufzogen und ein Platzregen einsetzte. Es hagelte sogar. Und die Schildbürger, die gerade in ihrem Rathaus ohne Dach saßen, wurden bis auf die Haut naß. Dem Hufschmied sauste ein Hagelkorn, groß wie ein Taubenei, aufs 75 Nasenbein. Der Sturm riß fast allen die Hüte vom Kopf. Und sie rannten durchnäßt nach Hause, legten sich ins Bett, tranken heißen Fliedertee und niesten wie die Schöpse.

Als sie am nächsten Morgen mit warmen Tüchern um den Hals und mit roten geschwollenen Nasen zum Ochsenwirt kamen, um den Landstreicher 80 zu fragen, was sie nun tun sollten, war er verschwunden. Da sie nun niemanden hatten, der ihnen hätte helfen können, versuchten sie es noch ein paar Wochen mit dem Rathaus ohne Dach. Als es dann aber gar zu schneien begann und sie wie die Schneemänner am Ratstisch hockten, meinte der Schweinehirt: „Liebe Mitschildbürger, so geht es nicht weiter. Ich beantra- 85 ge, daß wir mindestens für die nasse Jahreszeit das Dach wieder in Ordnung bringen." Sein Antrag wurde von allen, die sich erkältet hatten, angenommen. Es waren die meisten. Und so deckten sie den Dachstuhl wie vorher mit Ziegeln.

Nun war's im Rathaus freilich wieder stockfinster. Doch diesmal wußten 90 sich die Schildbürger zu helfen. Jeder steckte sich einen brennenden Holzspan an den Hut. Und wenn es auch nicht sehr hell war, so konnten sie einander doch wenigstens ungefähr erkennen. Leider begannen die Späne nach einer Viertelstunde zu flackern. Nach einer halben Stunde roch es nach angebrannten Hüten. Und schon saßen die Männer wie vor Monaten 95 im Dunkeln. Es war ganz still geworden. Sie schwiegen vor lauter Erbitte-

rung. Plötzlich rief der Schuster aufgeregt: „Da! Ein Lichtstrahl!" Tatsächlich! Die Mauer hatte einen Riß bekommen, und durch ihn hindurch tanzte ein Streifen Sonnenlicht! Wie gebannt starrten sie auf den goldenen Gruß
100 von draußen. „O wir Esel!" brüllte da der Schweinehirt. „Wir haben ja die Fenster vergessen!" Dabei sprang er auf, fiel im Dunkeln über die Beine des Schmieds und schlug sich an der Tischkante drei Zähne aus.

So war es. Sie hatten tatsächlich die Fenster vergessen! Sie stürzten nach Hause, holten Spitzhacken, Winkelmaß und Wasserwaage, und noch am
105 Abend waren die ersten Fenster fix und fertig. So wurden die Schildbürger zwar nicht wegen ihres dreieckigen Rathauses, sondern vielmehr durch die vergessenen Fenster berühmt. Es dauerte nicht lange, so kamen auch schon die ersten Reisenden nach Schilda, bestaunten die Einwohner, übernachteten und ließen überhaupt ein gutes Stück Geld in der Stadt. „Seht ihr", sagte
110 der Ochsenwirt zu seinen Freunden, „als wir gescheit waren, mußten wir das Geld in der Fremde verdienen. Jetzt, da wir dumm geworden sind, bringt man's uns ins Haus!"

(aus: Erich Kästner erzählt „Die Schildbürger", Hamburg/Zürich ⁴1989, S. 21−34)

Zur Einführung

Zu Beginn ist es angebracht, den Kindern Informationen über „Schilda" und die „Schildbürger" zu geben. An dieser Stelle kann auch das Vorwissen einzelner Schüler eingebracht werden.

Die Schildbürgergeschichten gehen auf ein 1597 in Straßburg gedrucktes, von einem unbekannten Verfasser stammendes Volksbuch mit dem Titel „Lalebuch" zurück. Darin wird das Leben der in Laleburg lebenden Lalen und ihre auf einen griechischen Weisen zurückgehende Abstammung beschrieben. Weltweit wurden sie als Berater engagiert, bis sie − um ungestört zu Hause leben zu können − ihre Narrheit vortäuschten. Ihre Stadt ging schließlich unter.

1598 erschien eine von Hans Friedrich von Schönberg vorgenommene Bearbeitung mit dem veränderten Titel „Die Schildbürger", in dem die Narreteien und Streiche in den Ort Schilda (das sächsische Schildau im Kreis Torgau, Bezirk Leipzig?) verlegt wurden. Das Motiv der freiwillig angenommenen Narrheit wird von Erich Kästner in seiner Nacherzählung erneut aufgenommen. Zur Einführung empfiehlt es sich, das entsprechende Kapitel: „Waren die Schildbürger wirklich so dumm, wie sie taten?" (S. 7−20) vorzulesen.

72

Arbeitsschritte zur Dramatisierung – Ergebnisse der Arbeit einer Kinderspielgruppe

a) Textabschnitte und Handlungsschritte

1. Die Schildbürger planen das neue Rathaus: Z. 2–8
2. Die Schildbürger bauen das neue Rathaus: Z. 9–13
3. Die Einweihung mißlingt wegen des fehlenden Lichts: Z. 14–30
4. Die Schildbürger beraten sich beim Ochsenwirt: Licht kann man wie Wasser ins Haus bringen: Z. 31–37
5. Die Schildbürger versuchen, das Licht ins Rathaus zu bringen: Z. 38–52
6. Ein Landstreicher rät, das Dach abzudecken: Z. 53–60
7. Die Schildbürger decken das Dach ab: Z. 60–70
8. Wegen Regen und Schnee wird das Dach wieder gedeckt: Z. 71–88
9. Die Schildbürger stellen fest, daß sie die Fenster vergessen haben: Z. 89–101
10. Die Schildbürger bauen die Fenster ein: Z. 101–111

b) Auswahl einer Kernszene

Bei der Suche nach einer spielbaren „wichtigen" Szene entschieden sich die Kinder unter meiner Mithilfe für eine Kombination der in den Punkten 3 und 4 genannten Handlungsschritte, genauer: für die Dramatisierung des Textes von Z. 22 bis 37.

Das abendliche Treffen der Schildbürger beim Ochsenwirt und die gemeinsame Beratung sind gut darstellbar und ermöglichen die Mitwirkung vieler Spieler. Um die „Beratung" und die möglichen Dialoge auszuweiten, wurden die oben dem dritten Handlungsschritt zugewiesenen Zeilen 22 bis 30 miteinbezogen. Bei der Auswahl der Passagen war vor allem auch die Textstruktur entscheidend. Der große Anteil von wörtlicher Rede kommt einer Inszenierung entgegen.

Ausgestaltung der Szene: Handlungshergang

Als nächster Schritt mußte der Handlungsablauf der Szene geklärt und fixiert werden. Die Ergebnisse sahen folgendermaßen aus:
1. Die Schildbürger kommen nach der mißglückten Einweihung humpelnd und sich die verletzten Körperteile haltend zum Ochsenwirt.
2. Sie setzen sich an einen Tisch und geben beim Wirt ihre Bestellungen auf.

3. Sie unterhalten sich über das Vorgefallene und wissen nicht, warum es ihnen so übel ergangen ist.
4. Dem Schneider fällt ein, daß im Rathaus kein Licht ist.
5. Sie beraten, wie man Licht ins Rathaus schaffen kann.
6. Der Hufschmied hat den Einfall, Licht wie Wasser ins Haus zu tragen.
7. Sie verlassen das Wirtshaus, um sich an die Arbeit zu machen.

Dialogverlauf und erste Erprobungen

Um Festlegungen zu vermeiden, wurden die Dialoge nicht schriftlich fixiert, aber doch dem beschriebenen Handlungsablauf entsprechend angespielt. Dabei waren Leitfragen wie etwa folgende von Bedeutung:

Zu 1: Was können die Schildbürger sagen? Wie können sie sich verhalten, wenn sie zerschunden und ratlos nach der fehlgeschlagenen Rathauseinweihung beim Ochsenwirt eintreffen?

Zu 2: Wie gibt eine Tischrunde im Wirtshaus eine Bestellung auf? Wie verhält sich der Wirt?

Zu 3: Wie können die Schildbürger im Gespräch ihre Ratlosigkeit zeigen?

Zu 4: Wie kann der „bedächtige" (hier auch erste Überlegungen zur Charakterisierung der Personen) Schneider seinen „bahnbrechenden" Einfall einbringen? Wie reagieren die anderen?

Zu 5: Welche anderen „Vorschläge", Licht ins Rathaus zu bringen, fallen uns als Schildbürger ein?

Zu 6: Wie verkündet der „nachdenkliche" Hufschmied seine Idee, wie ist die Reaktion der anderen?

Zu 7: Wie verlassen die Schildbürger – im Unterschied zum Kommen – das Rathaus?

Die Unterteilung der gewonnenen Kernszene in Einzelabschnitte ermöglicht deren „Anspielen". Damit sind erste Spielversuche gemeint, denen von der Spielgruppe ausdrücklich ihr experimenteller Charakter zugestanden wird. Die Spieler fühlen sich von der Verpflichtung befreit, eine Szene von ihrer Rollengestaltung her „beherrschen" und in jedem Fall durchhalten zu müssen. Es scheint mir wichtig, dies den Kindern vorher bewußt zu machen. Eingriffe der SL werden dadurch zum selbstverständlichen Bestandteil einer Spielerarbeitung und vermitteln nicht den Eindruck, als müsse ungeschickten Spielern auf die Sprünge geholfen werden.

Eingreifen heißt allerdings immer auch: unterbrechen. Das Spiel wird aus seiner Fiktionalität herausgeholt und auf die reale Ebene des „Rollenspielens" zurückgeführt. Geschieht dies zu häufig, wird der Spielfluß behindert, Kreativität und Spontaneität können sich gerade beim Stegreifspiel nicht genügend entfalten. Wird auf Unterbrechungen weitgehend verzichtet, gehen unter Umständen wertvolle Impulse und Anregungen verloren. Die Kunst liegt in der richtigen Dosierung. Auf keinen Fall sollte die SL ihre Vorstellungen aufdrängen wollen. Korrekturen sind aber dann angebracht, wenn Spiel und Rollendarstellung den gemeinsam gesetzten Rahmen zu verlassen drohen.

Personenbestand

Die Textvorlage unserer Szene legt keine genaue Personenzahl fest. Die Rede ist von den Schildbürgern schlechthin. Genauer benannt werden Schuster, Bäcker, Schneider, Ochsenwirt und Hufschmied. Wir erweiterten die Szene um 5 weitere Personen und sammelten Beispiele für mögliche Berufe: Bürgermeister, Schweinehirt, Lehrer, Schreiner und Kaufmann. Dabei war unbedeutend, ob Junge oder Mädchen die Rolle verkörperte: aus dem Schuster wurde eine Schusterin, aus dem Bäcker die Bäckersfrau, aus dem Bürgermeister die Bürgermeisterin. (Beim Tafelanschrieb wurden beide Formen verwendet).

Wir blieben allerdings im vorgegebenen historischen Rahmen der Schildbürgergeschichte: Ein Pilot und eine Computerfachfrau passen nun mal nicht in den von Kästner beschriebenen mittelalterlichen Hintergrund. (Daß sich in diesem Zusammenhang wieder interessante Unterrichtsthemen anbieten wie „Berufe, früher und heute" – „Das Leben in einer mittelalterlichen Stadt" u. ä. sei nur am Rande vermerkt!)

Zu viele Personen sollten nicht hinzukommen, da sonst die Szene unübersichtlich wird und die notwendige Balance zwischen Einzelrede, herausgehobenen Dialogen und allgemeinem Stimmengewirr schwierig einzuhalten ist. Außerdem sollten, da kein „Theaterauftritt" anvisiert ist, weitere Kinder als Zuschauer die Szene beobachten und kommentieren können.

Spielort, Requisiten und Kostüme

Für das Spiel in der Gruppe, dem die gemeinsame Erarbeitung von späteren Spielern und Zuschauern vorausgeht, bedarf es keiner arbeitsintensiven Bühnenvorbereitungen. Eine erhöhte Bühne wird ebensowenig gebraucht wie aufwendige Aufbauten. Die gemeinsam erstellte Gedankenkulisse genügt vollauf. Notwendig sind lediglich Vereinbarungen über die gedachten und evtl. mit sparsamen Mitteln angedeuteten Spielorte. In unserem Beispiel genügten zwei zusammengestellte Schülertische als Wirtshaus und eine

Raumecke als Rathausvorplatz, von dem die Schildbürger herkommend sich beim Ochsenwirt einfinden.

Ähnliches wie für die Bühneneinrichtung gilt für Requisiten und Kostüme. Auf letztere läßt sich ganz verzichten; Gläser und Flaschen im Wirtshaus wurden durch die Malbecher der Kinder ersetzt. Als Tablett des Wirtes diente ein umgedrehter Zeichenblock, als Kellnertuch ein (zuvor vom Kreidestaub gereinigter) Tafellappen.

Den Anforderungen der ernstzunehmenden Theatersituation zufolge, die auch für ein Stegreifspiel gelten, wurde allerdings für eine deutliche Trennung von Spiel- und Zuschauerraum gesorgt.

Rollenverteilung

Erst jetzt – nach Beendigung aller sonstigen Vorbereitungen – kam es zur Rollenvergabe. Probleme entstanden dabei nicht. Hauptrollen gab es keine, und die Kinder wußten, daß die Szene mehrmals mit wechselnder Besetzung gespielt werden sollte.

Verteilt wurden zunächst die Rollen der in der Textvorlage vorkommenden Personen. Weitere fünf Kinder konnten sich sodann eine der hinzuerfundenen Rollen aussuchen oder selbst einen noch nicht genannten Beruf erfinden, der allerdings in das Gesamtbild passen mußte.

Auf eine ausgedehnte Charakterisierung jeder einzelnen Rolle verzichtete ich, weil sie für die kurze Szene zu aufwendig gewesen wäre und die Kinder nach der Vorbereitungsphase – die in der Beschreibung allerdings länger anmutet als sie in der praktischen Durchführung tatsächlich dauerte – endlich spielen wollten.

Das Spiel

Die gründliche Vorarbeit hatte sich gelohnt. Zum einen profitierten die Kinder von den Erfahrungen des in den Stunden zuvor erfolgten „Spieltrainings", zum anderen waren sie inzwischen so mit dem Kästner'schen Text verwachsen, daß sie Sinn und Witz der Wirtshausszene erfaßt hatten. Bewährt hatte sich auch das Anspielen der einzelnen Teilszenen. Schwierigkeiten ergaben sich nur bei den notwendigen Wechseln vom Stimmengewirr der sich untereinander besprechenden Schildbürgergruppe zur Einzelrede. Sie wurden in der Nachbesprechung aufgegriffen und durch Verbesserungsvorschläge beseitigt. So schlug der Hufschmied bei der Wiederholung der Szene zunächst an sein Glas, erhob sich, räusperte sich, und begann dann, seinen Vorschlag den nun aufmerksamen Mitbürgern zu unterbreiten.

Auf diese Weise ließ sich das Spiel in mehrfachen Wiederholungen ausfeilen. Zu oft läßt sich eine solche Szene allerdings nicht spielen, da sie für die Zuschauer, die vorher selbst als Spieler agierten, mit der Zeit langweilig wird.

Überlegenswert ist allerdings, die geprobte und gefestigte Szene anderen Zuschauern, etwa einer anderen Klasse vorzuspielen. Freilich bedarf es der Vorbereitung, denn Kinder, die an der Erarbeitung durch die Spielgruppe nicht teilnahmen, müssen zuvor zu ihrem Verständnis Informationen über den Zusammenhang, in den die Szene eingebettet ist, erfahren.

Spiel einer Szenenfolge

Kernszenen können den zugrundeliegenden Text nur ausschnittsweise repräsentieren. Sie verlangen ein gemeinsames Wissen von Spielern und Zuschauern um den Gesamtzusammenhang. Daraus kann das Bedürfnis erwachsen, ein Stück zu entwickeln, das mehr Handlungsanteile enthält.

Aus der Umarbeitung mehrerer Textabschnitte kann über die oben beschriebenen Arbeitsschritte eine ganze Szenenfolge konzipiert werden. Je nach Zahl und Ausweitung der Szenen kann dieses Verfahren letztlich zur umfassenden und in sich schlüssigen, vollständigen Dramatisierung eines Erzähltextes tendieren. Diese kann aber nicht durch bloße Addition vereinzelter Szenen erreicht werden. Ist eine vollständige Dramatisierung angezielt, sind zunächst grundlegende Überlegungen zum Gesamtaufbau des Stückes erforderlich. Gemessen an dem Aufwand werden solche Vorhaben zu regelrechten Theaterspielprojekten, die eine Aufführung in entsprechendem Rahmen zum Ziel haben.

Weitere epische Texte für Szenenspiele

Zum Spiel einer Kernszene oder Szenenfolge eignen sich alle altersgemäßen Kindergeschichten, Märchen und Fabeln, sofern sie äußere Handlungsstränge aufweisen, die einer Dramatisierung entgegenkommen.

Die folgende Auswahl geeigneter Texte bzw. spielbarer Szenen läßt sich ergänzen:

1. Märchen

Das tapfere Schneiderlein (Grimm)
Das Schneiderlein kauft bei der Bauersfrau Mus, erschlägt anschließend
die sieben Fliegen, näht sich den Gürtel mit der Aufschrift „Sieben auf einen
Streich", zieht in die Welt hinein und hat den (vielleicht um den Baum-
stamm verkürzten) Kräftewettbewerb mit dem Riesen.
Oder:
Der Schneider bringt die beiden Riesen dazu, sich gegenseitig zu erschla-
gen.

Aschenputtel (Grimm)
Der Königssohn versucht das fremde Mädchen mit Hilfe des Schuhs zu
finden. Zweimal täuschen ihn die beiden Schwestern und die Mutter. Der
Betrug wird durch die Täubchen entdeckt. Aschenputtel aber paßt der
Schuh; er nimmt sie zu sich.

Frau Holle (Grimm)
Der Weg der schönen und fleißigen Tochter am Backofen und am Apfel-
baum vorbei bis zur Frau Holle.
Im Kontrast dazu:
der gleiche Weg der häßlichen und faulen Tochter.

Die Bremer Stadtmusikanten (Grimm)
Die Tiere treffen sich, erzählen einander ihr Leid, gehen gemeinsam auf
Wanderfahrt, treffen auf die Herberge und verjagen mit ihrer Musik die
Räuber.

Der Teufel mit den drei goldenen Haaren (Grimm)
Das Glückskind kommt zur Hölle, berichtet der Ellermutter von seinem
Wunsch und wird von ihr versteckt. Der Teufel kommt nach Hause und
schläft ein. Die Ellermutter reißt ihm die drei goldenen Haare aus und erhält
die Antwort auf die drei Fragen. Nachdem der Teufel wieder eingeschlafen
oder weggegangen ist, verläßt das Glückskind vergnügt die Hölle.

Dornröschen (Grimm)
Das Fest zur Geburt der Tochter am Königshof. Die guten Feen (weise
Frauen) beschenken das Kind mit ihren Wundergaben und Wünschen. Die
13. Frau erscheint, führt darüber Beschwerde, daß sie nicht eingeladen wurde und verflucht das Kind. Sie verläßt unangefochten den Saal. Die 12. weise Frau kann den bösen Spruch mildern.
Oder:
Die Königstochter trifft auf ihrem Erkundungsgang durch das Schloß auf
die Alte und sticht sich mit der Spindel. Sofort fällt sie in tiefen Schlaf.

Nacheinander beginnt der ganze Hofstaat mitten in einer jeweiligen Tätigkeit zu schlafen.

(Daran können alle Kinder beteiligt werden.) – Der Prinz erscheint und küßt Dornröschen wach. Der Hofstaat erwacht.

König Drosselbart (Grimm)

Die Königstochter sitzt auf dem Markt und verkauft Töpfe und Geschirr. Das Geschäft geht gut (Verkaufsgespräche). Da reitet (läuft) der trunkene Husar durch die Waren und zerstört alles. Die Königstochter berichtet zu Hause von dem Unglück.

Schneewittchen (Grimm)

Die Königin befragt den Spiegel und schickt anschließend eifersüchtig ihre Stieftochter mit dem Jäger in den Wald.

Oder:

Die Königin versucht dreimal, Schneewittchen zu töten (Kamm, Gürtel, Apfel). Schneewittchen wird von den Zwergen gerettet bzw. begegnet am Ende dem Prinzen.

Rumpelstilzchen (Grimm)

Die Königin schickt Boten zur Suche nach Namen über Land. Zweimal kann sie dem Männlein nicht den richtigen Namen sagen. Da belauscht ein Bote das Männlein im Wald beim Feuer: „Heute back' ich . . ." Er überbringt den Namen „Rumpelstilzchen" der Königin, die ihn beim nächsten Besuch des Männleins nennt.

Die goldene Gans (Grimm)

Zwei Söhne schlagen die Bitte des grauen Männleins nach Kuchen und Wein ab und verletzen sich anschließend bei der Arbeit im Wald. Der Dummling kommt der Bitte nach und erhält zur Belohnung die goldene Gans. Er kehrt im Wirtshaus ein. Dort bleiben die neugierigen und diebischen Töchter an der Gans hängen und beim weiteren Weg des Dummlings auch noch der Pfarrer, der Küster, die zwei Bauern und . . . Die Reihe kann über die Märchenvorlage hinaus erweitert werden, so daß alle Kinder mitspielen können. Das Haftenbleiben läßt sich jeweils nach gleichem Schema spielen: Der neu Hinzukommende fragt in seiner Weise nach, wird von den schon Anhaftenden gewarnt, faßt dennoch den letzten in der Reihe an und bleibt kleben. Hierbei können vor allem spielscheue Kinder in einfacher Weise integriert werden.

Zum Schluß zieht die lange Reihe am Schloß vorbei und bringt die ernsthafte Königstochter zum Lachen.

Ähnlich:

Schwan, kleb' an (Bechstein)

Hans im Glück (Grimm)

Hans tauscht beim Scherenschleifer seine Gans gegen den Wetzstein. Dabei kommt alles zur Sprache, was sich vorher zugetragen hat. Die „Gans" kann durch ein Stofftier oder ein Kissen ersetzt werden.

Der süße Brei (Grimm)

Mutter und Nachbarn erleben, wie der Brei überkocht und sich ins Haus und auf die Straße ergießt.

Oder (abweichend vom eigentlichen Inhalt des Märchens):

Beginn wie oben. Dann erscheint ein Rundfunkreporter, der von der „Breikatastrophe" berichtet und dazu Interviews macht.

Der Eisenhans (Grimm)

Der Eisenhans wird von dem Knaben im Schloß befreit. Er flüchtet mit dem Kind in den Wald. Dort erteilt er ihm den Auftrag, auf den Goldbrunnen zu achten.

Oder:

Der Knabe bringt der Königstochter Blumen. Sie entdeckt sein goldenes Haar und beschenkt ihn mit Dukaten.

Oder:

Das abschließende Gespräch beim König, bei dem die Identität des Gärtnerjungen aufgedeckt wird.

Der Hase und der Igel (Grimm)

Der Igel erzählt seiner Frau von der Wette mit dem Hasen.

Des Kaisers neue Kleider (Andersen)

Die zwei Weber weben die unsichtbaren Kleider. Der Minister wird vom Kaiser zur Begutachtung geschickt. Schließlich kommt der Kaiser selbst hinzu.

Die Geschichte vom kleinen Muck (Hauff)

Der kleine Muck kommt zum Haus der Frau Ahavzi. Er erlebt, wie sie für ihre Katzen kocht und tritt in ihre Dienste. Weil die Katzen nicht auf ihn hören, erregt er den Zorn der Frau. Das Hündlein führt ihn in die sonst verschlossene Kammer. Ein Kristallgeschirr fällt zu Boden; er entschließt sich zur Flucht und nimmt die Pantoffeln und den Stock mit.

Oder:

Der kleine Muck will sich beim König als Schnelläufer bewerben. Vor dem Palast wird er zunächst von der Wache ausgelacht. Mit dem Aufseher vereinbart er den Wettlauf mit dem Schnellsten.

Oder:

Der Wettlauf findet statt. Der Königshof verfolgt in Kommentaren und

Gesprächen den Verlauf des Rennens bis zum Sieg des kleinen Muck.
Oder:
Die neidischen Hofbediensteten schwärzen Muck beim König an, erhalten den Auftrag, ihn zu beobachten und lauern ihm auf, als er Gold aus dem von ihm gefundenen Schatz holen will.
Oder:
Der König erpreßt das Geheimnis der Pantoffeln und erprobt sie . . .
Oder:
Der kleine Muck ißt Feigen, erhält Eselsohren, ißt dann von den anderen Feigen, die die Ohren wieder verschwinden lassen, und verkauft schließlich die Zauberfeigen an den Küchenmeister des Königs mit den schlimmen Folgen am Hofe.
Die Szenen lassen sich zu einer Szenenfolge verbinden. Die Zwischentexte können von einem Erzähler vorgetragen werden.

Die Geschichte von Aladdin und der Wunderlampe (1001 Nacht)
Der Zauberer schickt Aladdin durch den Erdspalt in das Innere des Berges. In der Grotte entdeckt Aladdin die Lampe, die er dem Zauberer bringen soll. Beim Ausgang gerät er mit dem Zauberer in Streit und folgt argwöhnisch nicht dessen Wunsch, zuerst die Lampe herauszureichen. Der Zauberer schließt ihn ein, aber Aladdin kann sich mit Hilfe des Zauberrings und des durch ihn herbeigerufenen Zwergs befreien. Zu Hause entdecken er und seine Mutter durch Zufall die Zauberkraft der Lampe.

2. Fabeln

Die folgenden Vorschläge beziehen sich auf die Fabelsammlung für Kinder von CLARK/VOCKE 1991. Die meisten Fabeln sind kurz und enthalten Dialoge, so daß sie in ihrer Gesamtheit als Szenenvorlage gelten können.
Wenn die Szenen nicht als Aufführungen gedacht sind, kann auf eine Kostümierung verzichtet werden. Die Darstellung der Tiere bereitet den Kindern keine Probleme, zumal sie „menschlich" agieren.

Der Fuchs und die Krähe (S. 13)
Gespielt werden kann die ganze Fabel, die fast ausschließlich aus dem Gespräch der beiden Tiere besteht. Als „Baum" können Stuhl und Schülertisch dienen.

Die Heuschrecke und die Ameisen (S. 22 f.)
Die Ameisen arbeiten. Die Heuschrecke kommt hinzu. Das folgende Gespräch gemäß dem Text.

Der Fuchs und der Ziegenbock (S. 30)
Auch hier kann die ganze Fabel gespielt werden. Für den „Brunnen" werden Stühle im Kreis angeordnet.

Die Stadtmaus und die Feldmaus (S. 43 ff.)
Die beiden Mäuse sitzen am Tisch im Haus beim Festessen. Sie unterhalten sich über das gute Essen und darüber, wie viel ärmer es bei der Feldmaus zugeht. Zweimal kommt die Köchin. Zweimal müssen die Mäuse flüchten und sich verstecken. Nach dem zweiten Mal verabschiedet sich die Feldmaus mit den die Fabel abschließenden Worten.

Die Henne und der Fuchs (S. 51)
Die kurze Fabel kann dem Wortlaut gemäß gespielt werden.

3. Schwankgeschichten

Aus Johann Peter Hebels Sammlung „Schatzkästlein des Rheinischen Hausfreunds" bieten sich zum Spielen an:

Das wohlfeile Mittagessen
Das Gespräch im Wirtshaus, das in seiner Länge fast der ganzen Geschichte entspricht.

Der Zahnarzt
Der angebliche Wunderarzt „befreit" seinen Kumpanen vor den Augen der anderen Gäste im Wirtshaus von seinen Zahnschmerzen. Die gutgläubigen Zuschauer kaufen ihm daraufhin alle Pillen ab.

Kannitverstan
Der Handwerksbursche befragt der Reihe nach eine Person nach dem Besitzer eines Hauses, eine andere nach dem Eigentümer der von einem Schiff geladenen Waren und die dritte nach dem Verstorbenen eines Leichenzugs und erhält jeweils die Antwort: Kannitverstan.

Wunderlichkeit
Die Herrschaft verlangt von dem/der Bediensteten ein Glas Wasser. Drei Gläser schickt sie zurück, weil das Glas nicht sauber bzw. das Wasser nicht frisch und rein genug sei. Erst das vierte Glas stellt den Herrn zufrieden; gebracht hatte der Bedienstete aber wieder das erste. So entspricht das fünfte Glas dem zweiten und das sechste dem dritten. Zum Schluß klärt der Diener seinen Herrn auf.

Eulenspiegel-Geschichten, nacherzählt von Erich Kästner (KÄSTNER 1991):

Wie Eulenspiegel auf dem Seil tanzte

Till bereitet sich aufs Seiltanzen vor. Die umstehenden Leute verspotten ihn. Till verspricht, etwas Besonderes zu zeigen, wenn ihm alle den linken Schuh geben. Mit den Schuhen steigt Till auf das Seil, balanciert und wirft dann die Schuhe unter die Leute, die sich bald um ihre Schuhe balgen.

(Das Seil kann durch einen Kreidestrich auf dem Boden symbolisiert werden.)

Wie Eulenspiegel die Kranken heilte

Diese Geschichte bietet sich für das Spiel einer Szenenfolge, vielleicht mit verbindenden Erzählertexten an. Folgende Einzelszenen können zusammengestellt werden:

1. Eulenspiegel klebt an das Rathausportal ein Plakat, auf dem er sich als Wunderdoktor ausgibt. Der Verwalter des Krankenhauses kommt hinzu und beklagt seine Probleme, die er wegen des überfüllten Hospitals hat. Eulenspiegel verspricht, für zweihundert Gulden alle Kranken an einem Tag gesund zu machen.
2. Eulenspiegel und der Verwalter betreten den Krankensaal. Der Verwalter kündigt Eulenspiegel als Wunderdoktor an und läßt ihn dann mit den Kranken allein. Eulenspiegel geht von Bett zu Bett und sagt jedem Kranken, daß er ein fabelhaftes Rezept herstellen wird, indem er den Kränksten zu Pulver verbrennt. Die Gesunden werde der Verwalter nach Hause schicken. Wer nicht die Gefahr eingehen wolle, als Kränkster verbrannt zu werden, solle sich dann möglichst rasch wegbegeben.
   (Bei dieser Szene wird das Gespräch mit den Kranken nur in einem Fall wiedergegeben, ansonsten kurz mimisch angedeutet.)
3. Der Verwalter kommt und schickt nach Aufforderung durch Till alle Gesunden nach Hause. So schnell sie können, rennen oder humpeln alle Kranken aus dem Saal.
4. Der dankbare Verwalter entlohnt Eulenspiegel und gibt ihm noch 20 Gulden extra. Kaum hat sich Eulenspiegel verabschiedet, kehren die Kranken zurück und legen sich wieder in ihre Betten. Dem fassungslosen Verwalter berichten sie von Eulenspiegels angedrohter „Arznei".
   (Diese Eulenspiegel-Geschichte eignet sich besonders gut, weil alle Kinder mitspielen können und die „Kranken" zum Körperspiel z. B. Schmerzen, Humpeln, usw. aufgefordert sind.)

Wie Eulenspiegel einem Esel das Lesen beibrachte
Gespräch zwischen dem Rektor und Eulenspiegel, in dem ausgehandelt
wird, daß Till 20 Jahre Zeit hat, um dem Esel das Lesen beizubringen.

Wie Eulenspiegel Milch kaufte
Till läßt sich von Leuten auf dem Markt Milch (= Wasser) in ein Faß (=
Eimer) schütten und vermerkt mit Kreide an den Faßwänden (= mit Bleistift
auf einem Blatt Papier) die jeweilige Menge. Als die Leute ihr Geld wollen,
gesteht er, daß er gerade nichts dabei habe, aber in vierzehn Tagen alles aus-
zahlen könne. Auf den Protest der Bauern hin empfiehlt er ihnen, doch ihre
Menge Milch wieder zu entnehmen, worauf es zu einem großen Handge-
menge kommt.

4. Kinderbücher

Bei den nachfolgend aufgeführten Kinderbüchern gibt es so viele Anknüp-
fungspunkte, daß es nicht sinnvoll ist, auf mögliche einzelne Szenen hinzu-
weisen. Im Unterschied zu Märchen und Geschichten lassen sich auch
kaum Kernszenen herausheben. Szenische Gestaltungen müssen eng mit der
Arbeit am Kinderbuch und dem gemeinsamen Lesen verknüpft sein. Das
Spiel kann an unterschiedlichen Stellen die Beschäftigung mit dem Text vertiefen.

Die Auswahl ist nur beispielhaft zu verstehen. Schon aus der begrenzten
Auflistung ist eine Tendenz zu eher „klassischen" Autoren abzulesen. Eine
Sichtung moderner Kinderbuchliteratur unter dem Aspekt der Spielbarkeit
zeigt, daß häufig die Darstellung innerer Vorgänge und Reflexionen im
Vordergrund steht, die einer szenischen Gestaltung nicht entgegen-
kommt.

Peter Härtling: Ben liebt Anna
Peter Härtling: Alter John
Peter Härtling: Jakob hinter der blauen Tür

Janosch: Oh, wie schön ist Panama

Astrid Lindgren: Die Kinder aus Bullerbü
Astrid Lindgren: Karlsson vom Dach
Astrid Lindgren: Pippi Langstrumpf
Astrid Lindgren: Ronja Räubertochter

Christine Nöstlinger: Feriengeschichten vom Franz
Christine Nöstlinger: Wir pfeifen auf den Gurkenkönig
Christine Nöstlinger: Schulgeschichten vom Franz

Paul Maar: Eine Woche voller Samstage

Erwin Moser: Jenseits der großen Sümpfe

Otfried Preußler: Die kleine Hexe
Otfried Preußler: Das kleine Gespenst
Otfried Preußler: Der Räuber Hotzenplotz

Kürzere Kindergeschichten mit vorbereiteten Spielentwürfen und Anregungen für Spielszenen finden sich bei
Ursula Wölfel: Du wärst der Pienek.

4. Das Textspiel – von der Auswahl zur Aufführung

Theaterspiele nach fertigen Textvorlagen dürften in der Praxis die am häufigsten auffindbare Form szenischen Spiels in der Grundschule sein. Sie dienen der Bereicherung von Klassen- und Schulfesten und sind vermeintlich in Planung und Vorbereitung weniger arbeitsintensiv als etwa Projekte, bei denen Eigenstücke entstehen. Nimmt man ein Theatervorhaben wirklich ernst, erweist sich eine solche Auffassung allerdings als voreilig. Kein Stück kann einfach so, wie es der Autor zur Verfügung stellt, übernommen werden. Das beginnt beim Text, der gründlich bearbeitet werden muß, und setzt sich fort beim Personenbestand, der u. U. geändert und den eigenen Möglichkeiten angeglichen werden muß, ganz zu schweigen von der Einrichtung der Bühne, bei der die Spielgruppe Bedingungen unterworfen ist, die Einfluß auf die Anlage des Stücks nehmen.

Bei den Hinweisen zur Erarbeitung eines Textspiels habe ich auf die Anbindung an ein konkretes Beispiel verzichtet. Wegen des unterschiedlichen Charakters der möglichen Vorlagen könnten falsche Verallgemeinerungen wenig hilfreich sein.

Beschrieben werden hingegen konkret die einzelnen Arbeitsschritte, die ich für unentbehrlich halte.

Auswahl

Das richtige Stück zu finden, ist oft ein schwieriges Unterfangen. Da sind die eigenen Ansprüche, die Möglichkeiten und Fähigkeiten der Spielgruppe, die durch die äußeren Gegebenheiten gesetzten Rahmenbedingungen u. v. m.

Je nach Anlaß wird es zunächst zu einer groben Eingrenzung kommen: Soll das Stück eher lustig oder nachdenklich sein? Gibt es thematische Festlegungen? Wie sieht das spätere Publikum aus? Viel helfen werden solche Vorüberlegungen zunächst nicht, denn die Richtung bleibt nur ungefähr beschrieben. Ideen entwickeln sich vor allem durch Kenntnis und Vergleich von Stücken. Es führt kein Weg daran vorbei, daß eine umfangreiche Sichtung vorgenommen werden muß. Vieles wird verworfen, einiges in die engere Auswahl genommen bis zur letzten und endgültigen Entscheidung.

Zunächst können die an der Schule eingeführten Lesebücher auf brauchbare Texte hin durchgesehen werden. Sie enthalten mitunter kurze Stücke, die für zeitlich befristete Theateraufführungen geeignet sind. Gleiches gilt für Sammelbände (einige sind in der Literaturliste aufgeführt). Dafür muß die Schule sie allerdings kaufen, während Lesebuchtexte kostenlos zur Verfügung stehen. Ist ein längeres „Theaterereignis" anvisiert, muß auf die Angebote der Verlage zurückgegriffen werden. Die meisten Verlage schicken auf Wunsch für eine geringe Gebühr Auswahlsendungen zu, die man sich anhand der Kataloge zusammenstellen kann.

Entscheidet man sich für ein Stück, muß der entsprechende Satz an Rollenheften erworben werden. Hinzu kommen Aufführungsgebühren, – auch für jede weitere Vorstellung. Die Aufführungsbedingungen sind bei den einzelnen Verlagen unterschiedlich. Mit Kosten zwischen 100,– und 200,– DM sollte man allerdings rechnen.

Ein Wort zu den Verlagssortimenten: Man findet eine breite Palette von Angeboten. Hilfreich sind die Hinweise zur Dauer und zur Zahl der männlichen und weiblichen Rollen. Teilweise gibt es auch altersbezogene Zuordnungen. Hat man eine Ansichtssendung (ca. 10 bis 20 Stücke) erhalten, ist ein kritischer Blick angebracht. Leider ist noch lange nicht alles, was mit einem vielversprechenden Titel daherkommt, brauchbar. Naturgemäß findet sich allerhand Veraltetes, und es gibt auch heute noch Autoren, die Kindertheater (für und mit Kindern) mit einer geradezu schrecklichen Kindertümelei verwechseln. In jedem Falle empfehle ich, sich ggf. noch eine zweite Sendung zuschicken zu lassen und/oder die Angebote eines anderen Verlags einzuholen. Allerdings: Auszusetzen hat man an jedem Stück etwas, und die Entscheidung dürfte schließlich für das mit den geringsten Schwächen fallen.

An dieser Stelle ist eine wichtige Ergänzung notwendig: Wenn bislang nur von der SL die Rede war, kann nicht deutlich genug unterstrichen werden, daß die Schüler der Klasse oder der Spielgruppe an der Textauswahl beteiligt werden müssen. Dies ist unerläßlich, soll aus der fremden Vorlage einmal i h r Text werden. Denkbar ist zunächst, daß aus dem Unterricht, aus dem gemeinsamen Leben in der Schule Interessen und Schwerpunkte erwachsen, die Einfluß auf die Auswahl nehmen. Wenn das nicht der Fall ist, sollten dennoch Wünsche und Vorstellungen der Kinder von entscheidender Bedeutung sein. Nun wird es kaum möglich sein, mit den Kindern das große Angebot zu sichten; sie erkennen u. U. auch nicht die Schwierigkeiten eines Textes oder überschätzen die eigenen Möglichkeiten oder Bedingungen.

Ich empfehle daher, zunächst eine Vorauswahl zu treffen und die endgültige Festlegung der gemeinsamen Besprechung zu überlassen. Dazu müssen die Schüler die einzelnen Stücke kennen. Alle gemeinsam durchzulesen, wird kaum möglich sein und wäre zu zeitaufwendig. Außerdem verfügen wir nur über jeweils ein Textheft. Denkbar sind zwei Verfahrensweisen:

a) Ein Schüler/eine Schülerin oder eine Schülergruppe befaßt sich mit einem Stück und bereitet ein Kurzreferat für die Gruppe vor, in dem der Inhalt berichtet wird, notwendige Zusatzinformationen gegeben werden und eine besonders interessante, lustige oder spannende Stelle vorgelesen wird.
b) Die SL übernimmt diese Aufgabe selbst und stellt die in Frage kommenden Stücke vor.

Das zweite Verfahren ist weniger zeitintensiv; das erste aber eher zu empfehlen, da es die Schüler stärker einbezieht.

Als Hilfe für die SL bei der Auswahl eines Stücks folgt eine Zusammenstellung der wichtigsten Kriterien, die weniger als Checkliste Verwendung finden sollte, sondern zu einer Schärfung des Blicks bei der Durchsicht der Stücke auf ihre Spielbarkeit hin beitragen kann:

Kriterien zur Stückeauswahl

Zur ersten Eingrenzung:

Anlaß: Elternabend – Klassenfest – Klassenfahrt – Schulfest – Veranstaltungen von Ort oder Stadtteil – Theateraufführung – Sonstiges: . . .

Adressaten: Klassen/Mitschüler – Eltern – Schulgemeinde – Ortsgemeinde/Stadtteil – Öffentlichkeit – Sonstige: . . .

Themenbezug/Charakter des Stücks: Bezug zur Jahreszeit – Bezug zu Festen im Jahreskreis – Sonstige themenbezogene Einbindung: . . .

lustig, nachdenklich, spannend, . . .

Länge des Stücks: . . .

Genre: Lesespiel/Sprechstück – Singspiel – (Halb-)Kreisspiel – Musikalisches Bewegungsspiel – Pantomime – Puppenspiel (Marionetten/Stockpuppen/Handpuppen) – Figurenschattenspiel – Menschenschattenspiel – Sketch – Kurzspiel/Szene – Theaterstück

Zum Vergleich der Anforderungen durch das Stück mit den gegebenen Möglichkeiten:

Stück:	Eigene Situation:
Rollen und Darsteller	
Kinder	Spielgruppe:
Kinder und Erwachsene	Klasse
	Theatergruppe/AG (klassen-, jahrgangsübergreifend)
Alter der Kinder: . . .	Alter der Kinder: . . .
Anzahl der Rollen:	Anzahl der Darsteller/innen:
. . .	. . .
gesamt: . . .	gesamt: . . .
m: . . .	m: . . .
w: . . .	w: . . .
Gewichtung der Rollen (eine/mehrere Hauptrollen/Ensemblespiel)	Vorerfahrungen
Textaufkommen für die einzelnen Rollen	

Probenzeit

Etwa erforderliche Probenzahl:	Geplanter Aufführungstermin:
. . . .	. . . .
	Zahl der Wochen bis zur Aufführung: . . . . .
	Mögliche Probenzahl pro Woche:
	. . . .

Spielort

Etwaige Bedingungen:	Im Freien
	Im Klassenraum
	Aula/ähnlicher Raum
	Sonstige Spielorte: . . .

Bühne

Etwaige Bedingungen:	Feste Bühne
	Tischbühne
Vorhang	Spielfläche (ohne Erhöhung)
Vorbühne	Größe der Spielfläche
Größe der Spielfläche	Auftrittsmöglichkeiten

Auftrittsmöglichkeiten
Sonstige: . . .

Abtrennmöglichkeiten durch
Vorhänge
Hinter- und Nebenräume oder
Raumteilungsmöglichkeiten
Schnürboden
Zuschauerraum/Sitzanordnung

Kulissen/Requisiten

Häufigkeit und Art der Szenenwechsel

Möglicher Hilfen bei der Kulissener-
stellung und Requisitenbeschaf-
fung:

Umbauten
Räumliche/gemalte Kulissen
Erforderliche Festigkeit/Material
Größere Requisiten
(Möbel etc.)
Auflistung der Kleinrequisiten:
. . .

– Projektverfahren
– Zusammenarbeit mit Fachunter-
  richt
– Hausmeisterhilfe

– Elternhilfe
– Sonstige

Kostüme

Alltagskleidung
Typisierende Kleidung
Bei erforderlichen Kostümen:
zeitbezogen – phantastisch – mär-
chenhaft – besonderer Charakter

Mögliche Hilfen wie oben

Licht

Besondere Lichteffekte
Blackouts
Saalabdunkelung erforderlich
Wechsel der Beleuchtungsformen:
Lichtregie
Spot/Verfolger

Installierte Möglichkeiten
Ausleihmöglichkeiten
(Hilfen s. o.)
Für ggf. erforderliche
Saalabdunkelung: Fenster?
Vorhänge?

Ton

Besondere Effekte
Hall
Geräusche
Musikstücke

Tonanlage
Sprecher/Innenverstärkung

Nicht aufgenommen ist in den Kriterienkatalog die Frage nach der Qualität
des Stücks, die vom Anspruch der Spielgruppe her zu beantworten ist.

Zwischenüberlegung: Nicht doch lieber selbst texten?

Ich teile nicht die Auffassung, daß es auf dem Markt ganz und gar nichts Spielbares gäbe! Doch angesichts der vielfältigen Kriterien und Bedingungen und auch der fragwürdigen Qualität vieler Angebote, muß schon die Überlegung gerechtfertigt sein, ob sich Spielgruppen nicht lieber gleich selbst an die Arbeit machen sollten. Eine Textbearbeitung muß ohnehin geleistet werden.

Die schwierige Auswahlproblematik entfällt; die Kinder schreiben ihren Text und müssen nicht erst zur Rezeption eines fremden motiviert werden. Themen gibt es genug. Sie wachsen Spielgruppen aus dem Schulleben oder aus Unterrichtsinhalten zu, und schon wird aus dem Theatervorhaben ein umfassendes Projekt.

Leicht zu bewältigen ist ein solches Unternehmen freilich nicht. Wenn Stücke nicht nur als Repräsentation von Arbeitsergebnissen, sondern als „Theaterereignis" verstanden werden, verlangen sie schon einen dramaturgisch überlegten Aufbau. Schließlich sollen sich die späteren Zuschauer nicht langweilen. Auch die Spielgruppe muß von ihrem Werk „begeistert" sein.

Zwischen fertiger Textvorlage und eigenem Stück sind noch mancherlei Zwischenstufen denkbar. So können sich beim Probelesen in der Gruppe Vorstellungen entwickeln, die weit von der Vorlage weg zu einer Eigenproduktion führen. Oder es kommt zu einer Synthese zwischen Stück und selbst getexteten Passagen. Jede kreative Chance, die sich aus der Arbeit in der Spielgruppe ergibt, sollte jedenfalls genutzt werden.

Die weiteren Arbeitsschritte bis zur Aufführung gelten auch für Eigenproduktionen, abgesehen von der in Kapitel 1 beschriebenen Textbearbeitung, die ja schon durch die Texterstellung geleistet ist.

Einrichtung

Bei den Überlegungen zur Stückeauswahl habe ich bereits darauf verwiesen, daß die wenigsten Textvorlagen in allen Belangen den eigenen Ansprüchen und Bedingungen genügen. Vor dem Beginn der Probenarbeit steht daher die Einrichtung des Stücks, d. h. die Abstimmung zwischen Vorlage und der gewünschten Realisierung. Sie vollzieht sich auf zwei Feldern, die in engem Zusammenhang zu sehen sind und nur der Übersicht halber getrennt beschrieben sind:

die Textbearbeitung,
die technische Planung.

Auch diese Arbeitsvorgänge sollten gemeinsam mit den Kindern der Theatergruppe durchgeführt werden. Am Anfang steht die Verständigung über Inhalt und Sinn des Stückes und über die Absichten der geplanten Inszenierung.

Kenntnisse vom Stück besitzen die Schüler bereits durch die Beteiligung bei der Auswahl. Sie gilt es zu vertiefen. Nachdem der komplette Rollensatz geliefert ist, wird ein gemeinsames Lesen am Anfang stehen. Dabei entwickeln sich die ersten Impulse und Überlegungen für die szenische Gestaltung, die zur Abstimmung über das Inszenierungskonzept führen. Damit wird keineswegs zu hoch gegriffen! Wer sich ernsthaft auf die Arbeit mit Kindern an der Vorbereitung eines Stücks einläßt und nicht nur die eigenen Vorstellungen umsetzen will, wird sich wundern, wie vielfältig die Anregungen sind. Die Schwierigkeit dürfte eher darin liegen, dem Ideenreichtum der Kinder gerecht zu werden.

Bei der Textbearbeitung sind vier Formen zu unterscheiden:
– Streichungen,
– Abänderungen,
– Kürzungen,
– Zufügungen.

Die häufigste Form ist die Streichung einzelner Textstellen. Sie ist vor allem durch inhaltliche Überlegungen motiviert. Möglicherweise sollen einzelne Worte oder Sätze dadurch besonders hervorgehoben werden. Regieabsichten lassen sich durch geschickte Streichungen betonen. Werden Streichungen vorgenommen, um Textlängen zu vermeiden oder die Zeitdauer des gesamten Stückes einzugrenzen, spricht man besser von Kürzungen.

Auch Abänderungen und (seltener) Zufügungen werden durch die Inszenierung begründet. Beim Kindertheater liegen hier besondere Chancen, denn Kinder nutzen gern Texte als Bausteine für eigene Entwürfe. Das sollte ihnen ausdrücklich zugestanden werden, doch ist die Einigung auf eine gemeinsame Textfassung Bedingung für den Beginn der eigentlichen Probenarbeit. Die Redlichkeit gegenüber dem Autor verlangt selbstverständlich, eine stark veränderte Fassung als Bearbeitung bei der Aufführung kenntlich zu machen.

Eine Klärung der technischen Voraussetzungen muß schon bei der Stücke-auswahl erfolgt sein. Die weiteren Planungen laufen parallel zur Textbear-beitung (beide Arbeitsfelder wirken aufeinander ein) und zur beginnenden Probenarbeit.

Hier können nur einige zentrale technische Fragen angesprochen wer-den.

Spielort und Bühne

Drei eindeutige Warnungen:

    Niemals im Freien spielen!

    Niemals in halligen Räumen wie Turnhallen spielen!

    Vorsicht beim Spiel ohne Bühnenerhöhung!

Diese rigide anmutenden Forderungen beruhen auf schlechten Erfahrungen und können mancher Spielgruppe ersparen, viel Arbeit „in den Sand zu set-zen". Schließlich spielen wir nicht für uns, sondern für unsere Zuschauer, und es ist nun mal eine Grundbedingung für den Erfolg einer Theaterauf-führung, daß der Text der Spieler verstanden wird.

Als nicht sprechtechnisch ausgebildete Spieler haben alle Kinder Schwie-rigkeiten, stimmlich große Räume zu füllen. Sind diese zudem noch schall-ungünstig gebaut, kann das Ganze zu einem Fiasko werden, da Zuschauer in gleichem Maß, wie sie den Text nicht verstehen, merkwürdigerweise un-ruhig werden. Und nichts ist für die Spieler unangenehmer als ein vielstim-miges, gut gemeintes „Pst!" oder gar „Ruhe-Rufe". Freilichtaufführungen haben das gleiche Problem. Sie sind nur in besonders geeigneten Schallni-schen möglich oder bedürfen tontechnischer Verstärkung, vor der abzura-ten ist, da sie neue Schwierigkeiten aufwirft und im übrigen von den meisten Schulen gar nicht geleistet werden kann. So verlockend es auch sein kann, bei Schulfesten und strahlendem Sommerwetter „draußen" zu spielen, so sehr ist davor zu warnen. Das Spiel unserer Kinder ist im Freien schon in der dritten Zuschauerreihe kaum noch zu verstehen. Ausgenommen von diesem Vorbehalt sind natürlich Tänze und alle Formen pantomimischer Darbietungen. Allerdings sollte der Theaterspielraum nicht allein in Rück-sicht auf die zu erwartende Zuschauerzahl gewählt werden! Es ist besser, ein Stück verständlich vor einem begrenzten Zuschauerkreis zu spielen und ggf. die Aufführung für weitere Interessierte zu wiederholen.

Auf welche Bühnenformen kann eine Schule zurückgreifen? Am günstig-sten ist natürlich die fest installierte Bühne, auch wenn dadurch der Raum der Theateraufführung festgelegt wird. Wo sie nicht vorhanden ist, muß der beabsichtige Aufwand – gemessen am Theatervorhaben – geprüft werden.

Sodann ist zu überlegen, ob ein Podest gebaut oder ausgeliehen werden kann. An entsprechende Firmen sollte man sich nicht wenden, da dies einfach zu teuer wird, aber mancher ortsansässige Verein wird gerne zur Hilfe bereit sein, wenn sich die Schule auch in anderen Fragen nicht verschließt und sich gegenüber Ort oder Stadtteil öffnet.

Eine Notlösung – bei der allerdings der Hausmeister mitspielen muß – ist der Bau einer Tischbühne. Eine Reihe von Schülertischen werden zusammengeschoben und durch Schraubzwingen und/oder andere Hilfsmittel fest miteinander verbunden. Auf die Unverrückbarkeit ist besonders zu achten, da ansonsten für die Spieler Verletzungsgefahr besteht. Außerdem müssen Zu- und Abgänge durch Treppenstufen abgesichert werden.

Vergessen wird bei den Planungen zu Spielort und Bühne oft der Zuschauerbereich. Die Frage, wo und wie die späteren Zuschauer sitzen, sollte von Anbeginn bedacht werden, zumal Auftritte durch den Saal dadurch mitbestimmt sind.

Zu planen ist auch, wo sich die Spielgruppe vor und während des Spiels aufhalten kann. Getrennte Räume mit Zugängen zur Bühne sind optimal. Stehen sie nicht zur Verfügung, sollte ein genügend großer Bereich abgetrennt werden. In diesem Fall ist anzuraten, die Kinder vor Beginn der Vorstellung in einem anderen Raum zu sammeln, damit es zu einer gemeinsamen Vorbereitung auf das Spiel kommen kann und die Schauspieler nicht durch den Kontakt mit der anwachsenden Zuschauermenge noch größeres Lampenfieber als ohnehin vorhanden entwickeln.

Die Ausführungen zum Bühnenbau sind keinesfalls allein vom „Guckkasten-Prinzip" her zu verstehen. Durch Integration von Bühnen- und Zuschauerraum läßt sich die Form des „Arena-Theaters" realisieren.

Wenden sich Aufführungen von vornherein an eine begrenzte Zahl von Zuschauern, sind auch andere Spielorte denkbar. So kann die Spielfläche in der Mitte eines Klassenraums angelegt werden. Die Zuschauer verfolgen das Geschehen vom Stuhlkreis aus.

Kulissen

Kulissen brauchen nicht aufwendig erstellt zu sein und sind in ihrer Bedeutung dem Spiel nachgeordnet. Sparsame Andeutungen für den Ort einer Szene genügen. Zum Glück verzichten die meisten Kinderstücke auf Ortswechsel, so daß die Szenerie nicht geändert werden muß.

Sinnvoll ist in jedem Fall, für den Kulissenbau Fachleute (Fachlehrer/innen, Hausmeister, Eltern) einzubeziehen, wenn es nicht ohnehin bei klassenübergreifenden Vorhaben oder Projekten zu entsprechenden Aufgabenverteilungen gekommen ist.

Wie die einzelne Bühne für ein Stück gerüstet werden kann, ist generalisierend nicht zu beschreiben. Auf drei immer verwendbare und einfach zu handhabende Möglichkeiten sei hingewiesen:

– Die Vorhangbühne: Verschiedene Spielorte werden durch Vorhänge/große Bettücher abgetrennt und sind rasch veränderbar. Die durch den Text (und auf den kommt es an!) übermittelte Gedankenkulisse reicht aus; es ist aber auch möglich, den Spielort durch Bemalung der Tücher näher zu kennzeichnen. Wo kein Schnürboden vorhanden ist, können in einer Höhe von etwa 2,50 bis 3,00 m dünne Seile für die Aufhängung mittels Vorhangklipsen angebracht werden.
– Nutzung von Stellwänden: Sie können entweder aus festen und in Faltungen aufgestellten Pappwänden oder aus mit Tüchern bespannten Rahmen erstellt werden. Sie haben den Vorteil transportabel und schnell umstellbar zu sein und können von beiden Seiten bemalt werden und durch ihre Kombination mindestens zwei Spielorte charakterisieren.
– Kulissen durch Pappkartons: Größere und kleinere Pappkartons lassen sich bemalen und in unterschiedlicher Weise kombinieren und aufeinander stellen. Sie nehmen mehr Platz als die Stellwände weg, haben aber die größere Standfestigkeit.

Übrigens: ein „Hauptvorhang" zur Abtrennung von Spiel- und Zuschauerraum ist in der Regel nicht notwendig. Veränderungen können durchaus bei offener Bühne vorgenommen werden, auch wenn durch die Lichttechnik keine vollständige Abdunklung der Spielfläche vorgenommen werden kann.

Requisiten, Kostüme, Licht und Ton

Die Beschaffung der Requisiten kann durch die Spielgruppe selbst erfolgen, da es sich meistens um Alltagsgegenstände handelt. Das kann auch für Kostüme gelten, sofern nicht eine besondere Ausstattung erforderlich ist. In schwierigen Fällen muß wie beim Bühnen- und Kulissenbau die Hilfe von Kundigen in Anspruch genommen werden, die sich aber in einer Schulgemeinde ohne Mühe finden lassen. (Keine Kostüme aus Krepp-Papier!)
    Übrigens sind Kostüme und Requisiten geheime „Mitspieler". Bei der Probenarbeit sollte nicht zu lange auf sie verzichtet werden. Stehen sie noch nicht zur Verfügung oder sollen sie geschont werden, ist die Verwendung von Ersatzgegenständen und -kleidung anzuraten. Das Spiel, jede einzelne Gebärde muß sich auf das verwendete Requisit einstellen, und die Spielkleidung verändert die Bewegung.

Eine ausreichende Beleuchtung der Bühne ist anzuraten. Eine undifferenzierte, gleichmäßige Ausleuchtung von Zuschauer- und Spielbereich wirkt sich ungünstig auf die Atmosphäre aus und könnte die Spieler irritieren. Hingegen kann auf Extras wie superstarke Spots oder Verfolgerscheinwerfer verzichtet werden.

Von einer Tonverstärkung durch Mikrophone ist abzuraten. Sie setzt eine teure Anlage und das sachkundige Aussteuern bei der Aufführung voraus. Werden Musikstücke eingespielt, genügen in aller Regel die an den meisten Schulen ohnehin vorhandenen Kassettenrecorder. Musik kann eine Aufführung sehr bereichern; aber Vorsicht vor Überfrachtungen!

Zeit und Arbeitsplanung

Nach der Textbearbeitung und den technischen Planungen ist es an der Zeit, das Regiebuch einzurichten.

Ich empfehle die Anlage eines Ordners, in dem alles Wichtige für eine geplante Aufführung gesammelt wird und jederzeit zur Verfügung steht. Neben äußeren Dingen wie Merkzettel, Probenplänen und Notizen ist in erster Linie an Regiehinweise gedacht. Gemäß den Vorplanungen und sukzessive durch Veränderungen und Ergänzungen entsteht eine Art „Fahrplan" für die Aufführung. Parallel zum Text werden die auf Stichwort abzurufenden evtl. Toneinspielungen oder Lichteffekte eingetragen. Im Text werden Pausen markiert, bestimmte Gänge oder Stellungen auf der Bühne festgehalten und Auftritte und Abgänge notiert. Während der Probenarbeit dient das Regiebuch als Grundlage und wird ständig erweitert bzw. fortgeführt. Es ist sinnvoll, abwechselnd jeweils nicht spielende Kinder mit der Buchführung zu beauftragen, da sie auf diese Weise – auch in verschriftlichter Form – das Wachsen und Reifen einer Inszenierung erleben. Eintragungen werden am besten mit dem Bleistift vorgenommen, da es häufig zu Veränderungen, Umstellungen und Neuüberlegungen kommen wird. Es ist m. E. falsch und auch nicht durchzuhalten, mit einer vollständigen Detailplanung in die Probenarbeit gehen zu wollen, zumal dadurch die Mitwirkung der Spieler und Spielerinnen unzulässig eingeschränkt wird.

Bei längeren Stücken (ca. 20 Minuten und länger) reichen die von den Verlagen erworbenen Textheftchen für solche umfangreichen Eintragungen nicht aus. Ich rate daher zu folgendem Vorgehen, das zwar etwas arbeitsintensiver ist, aber sich letztlich bei der Probenarbeit durch Übersichtlichkeit bezahlt macht: Die einzelnen Seiten der Textvorlage werden kopiert und auf

DIN-A-4-Seiten geklebt. So wird viel Platz für mögliche Regieeintragungen gewonnen. Die Rückseite wird (je nach Bedarf) in Spalten für Ton, Licht, Requisiten und Hinweise für die Bühneneinrichtung und evtl. Veränderungen aufgeteilt und dient umgeklappt der nächsten Textvorderseite für stichwortbezogene „technische" Anmerkungen. Ein Beispiel – ohne konkreten Text – für die Einrichtung eines Regiebuchs ist auf S. 98 abgedruckt.

Rollenverteilung

Rollenverteilungen gehören zu den heikelsten Aufgaben, mit denen Spielgruppen befaßt werden. Bei den Stegreifspielen werden sie nicht zum Problem, denn die Besetzungen können bei den Spielwiederholungen immer wieder wechseln. Anders bei Theateraufführungen! Die Kinder wissen sehr genau, daß mit der Rollenzuteilung die Form ihrer Beteiligung am geplanten Projekt weitgehend festgelegt wird. Der Grundsatz, daß es „keine kleinen Rollen, sondern nur schlechte Schauspieler" gibt, sollte nicht darüber hinwegtäuschen, daß manche Rollen eben doch attraktiver sind als andere. Auch Tricks, z. B. bestimmte Rollen doppelt zu besetzen und bei der Aufführung bestimmte Szenen zu wiederholen, helfen nicht, sondern schaden höchstens dem gemeinsamen Anliegen. Vor – vielleicht auch unangenehmen – Entscheidungen wird sich keine Spielgruppe herummogeln können. Das oft empfohlene Allheilmittel, daß die Gruppe in gemeinsamer Verantwortung die Rollenbesetzung vornimmt, möchte ich mit einigen Fragezeichen versehen. Die Gefahr, daß es zu Auseinandersetzungen, zur Bloßstellung einzelner und letztlich zur Bevorzugung der forschen und der Benachteiligung der zurückhaltenderen Kinder kommt, liegt auf der Hand. Auch wenn es vielleicht in manchen Ohren nicht gut klingen mag: Ich empfehle eindeutig, daß sich der Lehrer oder die Lehrerin als Spielleiter zu dieser Aufgabe bekennt und die Zuweisung vornimmt.
Bei den Entscheidungen können folgende Überlegungen mitspielen:
- Passen der Typ des Spielers oder der Spielerin zur Rolle (gilt auch für Kinder)?
- Haben sich beim Lesen mit verteilten Rollen Aufschlüsse ergeben?
- Wie steht es um die spielerischen, sprachlichen Fähigkeiten?
- Hat der Spieler oder die Spielerin bei größeren Rollen das erforderliche Durchstehvermögen?
- Wird der Spieler oder die Spielerin das unvermeidliche Lampenfieber bewältigen können?

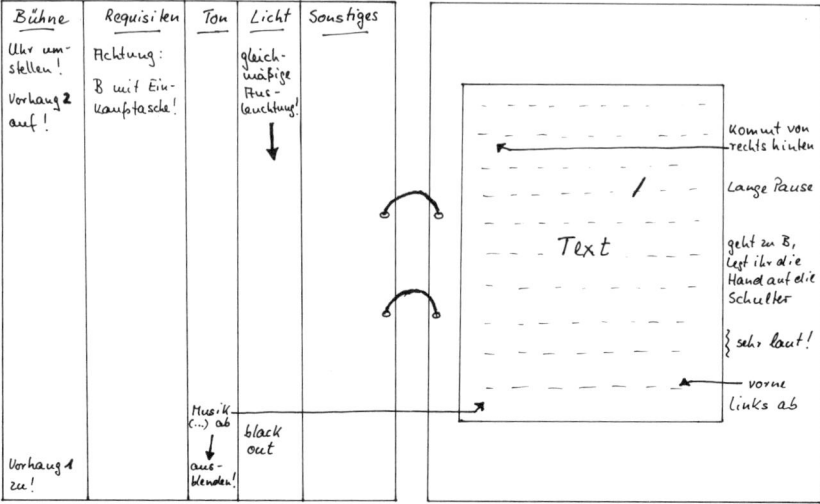

- Sind aus den ersten Erarbeitungsschritten Interessen und Vorlieben einzelner Spieler für bestimmte Rollen erkennbar?
- Kann sich ein Spieler, eine Spielerin flexibel auf veränderte Situationen einstellen?
- Ist der Spieler oder die Spielerin in der Lage und bereit, vielleicht notwendig werdende Zusatzproben auf sich zu nehmen?
- Wie steht es mit der Behaltensfähigkeit?
- Inwieweit können pädagogische Überlegungen, z. B. unsichere Kinder in ihrer Selbstsicherheit zu fördern, ausschlaggebend werden?

Für Kinder, die keine Rolle übernehmen können oder wollen, ergeben sich im Rahmen einer Aufführung unzählige Aufgaben, die keineswegs als Verlegenheitslösungen anzusehen sind, sondern in jedem Fall erfüllt werden müssen, z. B. Mithilfe bei den Eintragungen im Regiebuch, bei Toneinspielungen oder Ausleuchtungen, bei Bühnenumbauten, beim Soufflieren usw.

Auch wenn die Aufgaben- und Rollenverteilung letztlich in die Verantwortung der SL gegeben ist, bedarf es freilich der einfühlsamen Besprechung mit einzelnen Kindern und der Gruppe.

Proben

Leseproben

Noch vor der endgültigen Rollenverteilung wird das Stück mit verteilten Rollen gelesen. Erste Betonungen und Pausenzeichen werden mit Bleistift markiert. Die Leseproben können auch Impulse für Textveränderungen freisetzen. Rollenwechsel sind nicht nur möglich, sondern hilfreich für die spätere Rollenverteilung.

Stellproben

Vor dem Szenenspiel werden Gänge und Bewegungen auf der Bühne, Auf- und Abtritte festgelegt. Alle Beteiligten können das Textbuch in der Hand haben, und sich Eintragungen zur eigenen Erinnerungshilfe machen. Zu diesem Zeitpunkt muß die Frage der Kulissen grundsätzlich geklärt sein. Zu Beginn wird die Bühne noch nicht fertiggestellt sein. Es ist für die Probenarbeit hilfreich, wenn die Spielräume mit Klebestreifen markiert sind, damit es nicht zu Problemen kommt, wenn die Bühne „steht" und man feststellt, daß viel weniger Platz als angenommen zur Verfügung steht.

Arbeitsproben

Jetzt wird es ernst. Die Szenen nehmen langsam Gestalt an. Jede Szene wird in Einzelteilen geprobt und dann zusammengefaßt. Vor als besser erkannten Veränderungen sollte die Gruppe niemals zurückschrecken. Proben heißt Probieren. Auch der skurrilste Einfall kann erst abschließend beurteilt werden, wenn man ihn auf der Bühne gesehen hat. Für noch nicht vorhandene Requisiten nutzen wir Ersatzgegenstände. Können die Arbeitsproben nicht auf der späteren Aufführungsbühne stattfinden, muß ein entsprechend großer Spielraum abgesteckt werden.

Ein Wort zur Arbeit mit dem Text: bei längeren Stücken wird man nicht umhinkommen, die Kinder ihren Part lernen zu lassen. Ich warne aber vor Proben, die sich ausschließlich auf den gelernten Text stützen wollen. Bei Kindern führt ein solches Vorgehen allzuleicht zu einem gestelzten Deklamieren. Im Bemühen um die richtige Textwiedergabe wird das Spiel vernachlässigt. Ich rate daher, besonders zu Beginn, wenn der Text noch wenig gefestigt ist, die vom Inhalt her geklärte Szene als Stegreifspiel zu proben. Auf den Text wird bei Bedarf zurückgegriffen; ansonsten wird die Szene von den Kindern sprachlich neu- und umgestaltet. Durch die häufigen Wiederholungen werden sich Sprachmuster einschleifen, die zusammen mit der Vorlage zu einer festen Textgestalt führen.

Ein solches Verfahren ist zwar etwas schwieriger, wohl auch zeitintensiver, hat aber zwei nicht zu unterschätzende Vorteile:

- Der fremde Text wird zum Text der Kinder, die schneller und auch eher beginnen, im Stück und in ihrer Rolle zu „leben".
- Die vermittelte Sprachsicherheit ist der beste Schutz vor Pannen und Aussetzern.

Durchlaufproben

Darunter versteht man Proben, bei denen Teile oder das ganze Stück ohne Unterbrechungen gespielt werden. Damit sollte nicht zu spät begonnen werden, denn erst jetzt ergibt sich die Chance, das vorher im Detail Erarbeitete auf die Wirkung im Gesamtzusammenhang zu überprüfen. Durchlaufproben sind oft Anlaß für Veränderungen und Umgestaltungen einzelner Szenen.

Hauptproben

Spätestens jetzt wird mit Kostümen und Requisiten geprobt. Die Bühne ist (fast) fertig. Die Erarbeitung ist soweit abgeschlossen, daß es nur noch zu Detailänderungen kommt. Diese Proben dienen vor allem dazu, den Gesamtablauf und das störungsfreie Zusammenspiel von Bühnengeschehen und Technik zu gewährleisten. (Regelrechte Beleuchtungsproben werden beim Kindertheater kaum erforderlich werden.)

Generalprobe

Sie ist schon fast der Ernstfall. Je nach Zusammenhang, in dem eine geplante Aufführung angesiedelt ist, kann es sinnvoll sein, einige Zuschauer (z. B. Eltern) einzuladen. Die Kinder können sich auf die Situation einstimmen und mögliche Zuschauerreaktionen kennenlernen.

Aufführung

Wenn sich der Zuschauerraum langsam füllt, wird es kaum einen Beteiligten ohne Herzklopfen geben. Jetzt wird sich erweisen, wie solide die Vorarbeit war. Dabei denke ich weniger an die Inszenierung selbst als an die vielen, kleinen äußeren Dinge, die bedacht werden müssen. Wie wurden die Zuschauer über das Ereignis informiert? Gibt es einen „Theaterzettel"? Wo bleiben die Spieler und Spielerinnen unmittelbar vor oder während der Aufführung? Wo können die Zuschauer ihre Garderobe ablegen? Ist ein Hinweisschild für die Toilette angebracht? Wer über solche Fragen lächelt, übersieht, daß jede vermeidbare Nachfrage die Nervosität der Verantwortlichen (und daher auch der Kinder) steigert. Eine gründliche Planung des „äußeren" Ablaufs, bei der Eltern, Kollegen und Kolleginnen und der Hausmeister helfen, ist auch eine Grundlage für den Erfolg einer Aufführung.

Kinder sollte man, soweit ihnen nicht bestimmte Aufgaben (Garderobe/Platzanweisungen/Programm . . .) übertragen sind, aus dem Trubel heraushalten. Mit unseren „Schauspielern" bleiben wir bis zum Aufführungsbeginn in einem ruhigen Raum und entspannen uns – wie wir es gelernt haben – mit Atem- und Lockerungsübungen.

Hinweise auf Textspiele

Auf die einschlägigen Verlagsangebote habe ich bereits hingewiesen. Sie müssen zu Rate gezogen werden, wenn längere „Theaterereignisse" (bis zu 60 Minuten) geplant sind. Für kürzere Vorhaben stehen auch Anthologien zur Verfügung, von denen ich an dieser Stelle einige nennen möchte.

Für Sommerfeste, Schul- und Klassenfeiern eignen sich die kurzen Theaterstücke von einer Dauer zwischen zwei und zwanzig Minuten, die sich bei LIETZ/LANGE 1988 finden. Die Sketche sind für Kinder geeignet und ohne großen Aufwand spielbar. Die Anzahl der Mitspieler ist allerdings jeweils gering.
 Empfehlenswert ist m. E. die Reihe „Theater für Kinder und Jugendliche" (Band I bis III) des Grafenstein Verlags. Neben Kurzstücken mit einer Dauer von ca. 20 Minuten sind auch Stücke mit offenem Ende, Spielent-

würfe, Sketche und Clownszenen enthalten. Die Anzahl der Mitspieler ist sehr unterschiedlich. Behandelt werden allgemeine Themen, so daß unterschiedliche Anlässe denkbar sind. Nicht alle Texte sind für die Grundschule geeignet.

Geeignet für jüngere Kinder, für Vorklassenkinder, auch für das gemeinsame Spiel von behinderten und nichtbehinderten Kindern sind die Textvorschläge von KRENZER 1986 und 1987. Es handelt sich um kurze, mit Liedvorlagen versehene Spielstücke. Der zweite Band enthält Märchenspiele und religiöse Spiele, die sich an den Festen des Jahreskreises orientieren.

Sketche und kurze Stücke mit unterschiedlicher Thematik, häufig mit Liedvorlagen, teilweise auch mit Hinweisen für Begleitung mit Orff'schem Instrumentarium enthalten die beiden Bände von RIEDL 1989. Einige Stücke sind in Verse gesetzt. Die beiden ersten Stücke sind jeweils für Einschulungsfeiern geeignet.

Die vorstehende Auswahl ist natürlich subjektiv und entbindet nicht von der Aufgabe der sorgfältigen Sichtung und Textbearbeitung.

5. Weitere szenische Spielformen

Das Schattenspiel

Das Menschenschattenspiel ist mit der Pantomime verwandt – mit dem Unterschied, daß die Spieler sich nicht durch die Mimik, sondern nur über Gesten und Körperbewegungen ausdrücken können. Dabei steht die Profilhaltung im Vordergrund. Von Bedeutung und mit Kindern auszuprobieren ist auch der Standort der Spieler zwischen Lichtquelle und Leinwand.

Als Leinwand kann man Spezialfolien bestellen, die allerdings ihren Preis kosten. Günstiger für schulische Zwecke ist der Eigenbau. Ein oder zwei aneinander genähte Bettücher werden zwischen zwei Kartenständern befestigt (Achtung: Wegen des Gewichts müssen die Kartenständer ihrerseits verankert werden). Es ist darauf zu achten, daß das Tuch keine Falten wirft und im oberen und unteren Saum – vielleicht durch Verwendung von Schnüren – gespannt ist. Als Lichtquelle können Dia- und Overheadprojektoren genutzt werden.

Die fehlende räumliche Dimension des Schattenspiels ermöglicht interessante, auch komische Effekte, z. B. sieht ein Boxschlag, bei dem die Faust in Wirklichkeit hinter dem Kinn ins Leere geht, wie ein Volltreffer aus. Mit etwas Phantasie lassen sich wirkungsvolle Szenen erfinden.

Auch im Bereich des Schattenspiels sollten Aktionen und Handlungsabläufe in ihren jeweiligen Wirkungen erprobt werden, bevor an Vorführungen gedacht wird. Eine Einführung der Schülerinnen und Schüler in das Schattenspiel könnte folgendermaßen aussehen:

1. Bewegungsproben

Die Kinder bewegen sich frei (allein oder zu zweit) zwischen Lichtquelle und Leinwand. Dabei beobachten sie die Veränderungen ihres Schattenwurfs und versuchen, Gesetzmäßigkeiten zu erkennen:

- die Auswirkungen des Standorts: Je näher sich der Körper an der Lichtquelle befindet, um so größer, aber auch unschärfer wird der Schattenriß;
- die besondere Bedeutung der Profilhaltung: Sie dient der eindeutigen Identifizierung und Charakterisierung der Personen;

- die Notwendigkeit langsamer Bewegungen: schnelle Bewegungen verwischen den Eindruck und lassen auch kaum die genaue Kontrolle der Körperhaltung zu;
- die Bedeutung der Finger- und Handbewegungen: neben dem Gesichtsprofil und den Körperkonturen tragen vor allem Hände und differenzierte Fingerhaltungen zur gewünschten Sinnübermittlung bei.

Da sich hinter der Leinwand nur jeweils wenige Kinder bewegen können, tragen die anderen als Zuschauer von der anderen Seite durch Rückmeldungen, Kommentare und Vorschläge zur Erprobung bei.

2. Körperveränderungen

Die Kinder versuchen, ihren Körper im Schattenwurf zu verändern oder zu entfremden. Es bietet sich an

- das Ausstopfen mit Hilfe von Kissen und Tüchern;
- das Behängen mit Tüchern und Decken;
- Veränderungen des Gesichts durch Tücher und Hüte – Masken – Pappnasen – ausgeschnittene Pappformen, -ecken, -streifen;
- Veränderungen des Körpers durch Pappschachteln oder -kisten;
- das Zusammenspiel mehrerer Körper zu einem Schattenwurf: neben- oder hintereinander bis hin zum Wesen mit drei oder vier Beinen, Armen und zwei Köpfen.

3. Spiel mit Requisiten

Die Kinder erproben die richtige Handhabung möglicher Requisiten wie Stöcke, Schirme, Tassen, Gläser, Scheren, Hammer, Zange usw.

4. Partnerspiele ohne Worte

- Zwei vornehme Herren oder Damen begrüßen sich;
- zwei gute, alte Freunde begrüßen sich;
- zwei Bekannte grüßen flüchtig und gehen aneinander vorbei;
- einer wird von einem Ungeheuer bedroht und flieht;
- zwei Diebe schleichen vorbei;
- zwei Sportler spielen Ball;
- zwei Sportler beim Boxkampf (in Zeitlupe);
- zwei Flötenspieler.

5. Längere Schattenspielszenen

Diese Szenen müssen geprobt werden und können den Charakter kleiner Vorführungen erhalten.

Die Operation
Der Patient kommt. Er hat sichtbar Magenschmerzen. Die Sprechstundenhilfe begrüßt ihn und holt den Arzt. Der Arzt begrüßt ihn und fragt nach seinem Befinden. Der Patient wird auf das Bett (= Schülertisch, dicht an der Leinwand) gelegt. Der Arzt legt die (überdimensionalen) „Instrumente" zurecht. Er „betäubt" den Patienten mit dem Hammer. Mit einem Riesenmesser schneidet er den Bauch auf. Die Sprechstundenhilfe assistiert. Aus dem Bauch holt er alle möglichen Utensilien. Dem Einfallsreichtum sind keine Grenzen gesetzt. Die Requisiten müssen nur vor dem Spiel, am besten auf einer Ablage neben dem Tisch, bereitgelegt werden. Mit einer großen Nadel wird der Bauch zugenäht. Der Patient wird mit einem Wasserguß geweckt und verabschiedet sich. Er ist geheilt.
Ähnliche Szene:
Beim Zahnarzt

Der Roboter
Ein Erfinder steht vor dem von ihm gebauten Roboter und versucht, ihn zum Arbeiten zu bringen. Dafür kann er alle möglichen Werkzeuge einsetzen. Der Roboter reagiert zuerst gar nicht, dann aber bedrohlich für den Erfinder. Kurze, ruckartige, aber nicht zu schnelle Bewegungen des Roboters sind erforderlich.

Die Puppe
Eine schlaff in sich zusammengesunkene Puppe wird aufgezogen. Sie wird zunehmend beweglicher, tanzt schließlich, dann werden die Bewegungen langsamer bis hin zum Ausgangszustand.

Beim Essen
Zwei sitzen am Tisch und essen. Als Tisch kann ein quergestellter Schülertisch dienen. Die Umrisse eines Tisches können aber auch mit schwarzen Klebestreifen von hinten an die Leinwand geklebt werden. In diesem Fall können auch Gläser und Geschirr aus Pappe ausgeschnitten und ggf. angeklebt werden.
Die Geschichte kann dadurch fortgeführt werden, daß einer der beiden ein Glas umstößt.

Die Fliege
Ein Schlafender wird von einer Fliege belästigt. Immer wieder wacht er

auf. Schließlich sieht er sie in einiger Entfernung sitzen. Vorsichtig bewegt er sich auf sie zu, die Hand ist zum Schlag bereit ...

Western

Der Räuber (mit Gesichtsmaske) raubt eine Bank aus und wird von dem sich von hinten heranschleichenden Sheriff festgenommen.

Alle Szenen sollten ohne Worte gespielt werden. Sprechende Schatten zerstören, sofern keine bestimmte Wirkung damit verfolgt wird, den Eindruck. Das schließt nicht aus, daß das Spiel sprachlich und musikalisch von außen begleitet wird. Beispielsweise kann ein Erzähler einführende oder verbindende Texte vortragen oder sogar eine ganze Geschichte erzählen bei gleichzeitigem Schattenspiel. Effektvoll sind auch von außen erzeugte Geräusche und musikalische Untermalungen.

6. Schattenspielaufführungen

Sie sind in ihrem Anspruch und der Notwendigkeit gründlicher Vorbereitung ähnlich zu sehen wie Theateraufführungen. Zu bedenken ist, daß die Spielfläche, also die Leinwand, groß genug sein muß. Unter Umständen muß mit zwei Lichtquellen gearbeitet werden. Dabei sollten sich die Lichtkegel nicht überschneiden, es sei denn, man möchte besondere Effekte erzielen.

Kulissen können auf einfache Art durch Aufmalen oder Auflegen von Pappstücken auf den OH-Projektor erstellt werden.

Als Spielvorlage eignen sich alle pantomimisch darstellbaren Kindergeschichten, insbesondere Märchen. Die Einbeziehung von Fabelwesen läßt viele Ideen bei der Gestaltung des Profils und der Körperumrisse zu.

Das Märchen wird zum Spiel erzählt oder gelesen oder wurde vorher auf Band gesprochen. Die Szenen werden mit Geräuschen und Musik unterlegt. Bei den Proben kommt es in erster Linie darauf an, Text bzw. Musik und Darstellung zu koordinieren. Die Möglichkeiten des Schattenspiels zeigt das folgende Beispiel.

Die goldene Gans (Grimm)

Es war ein Mann, der hatte drei Söhne, davon hieß der jüngste der *Dummling,* und wurde verachtet und verspottet und bei jeder Gelegenheit zurückgesetzt. Es geschah, daß der älteste in den Wald gehen wollte, Holz hauen, und eh' er ging, gab ihm noch seine Mutter einen schönen feinen Eierkuchen und eine Flasche Wein mit, damit er nicht Hunger und Durst litte. Als er in den Wald kam, begegnete ihm ein altes graues Männlein, das bot ihm

einen guten Tag und sprach: „Gib mir doch ein Stück Kuchen aus deiner Ta-
sche, und laß mich einen Schluck von deinem Wein trinken, ich bin so
hungrig und durstig." Der kluge Sohn aber antwortete: „Geb' ich dir meinen
Kuchen und meinen Wein, so hab' ich selber nichts, pack dich deiner We-   10
ge", ließ das Männlein stehen und ging fort. Als er nun anfing einen Baum
zu behauen, dauerte es nicht lange, so hieb er fehl, und die Axt fuhr ihm in
den Arm, daß er mußte heimgehen und sich verbinden lassen. Das war aber
von dem grauen Männchen gekommen.

Darauf ging der zweite Sohn in den Wald, und die Mutter gab ihm, wie   15
dem ältesten, einen Eierkuchen und eine Flasche Wein. Dem begegnete
gleichfalls das alte graue Männchen und hielt um ein Stückchen Kuchen
und einen Trunk Wein an. Aber der zweite Sohn sprach auch ganz verstän-
dig: „Was ich dir gebe, das geht mir selber ab, pack dich deiner Wege", ließ
das Männlein stehen und ging fort. Die Strafe blieb nicht aus, als er ein paar   20
Hiebe am Baum getan, hieb er sich ins Bein, daß er mußte nach Haus getragen werden. Da sagte der Dummling: „Vater, laß mich einmal hinausgehen
und Holz hauen." Antwortete der Vater: „Deine Brüder haben sich Schaden
dabei getan, laß dich davon, du verstehst nichts davon." Der Dummling
aber bat so lange, bis er endlich sagte: „Geh nur hin, durch Schaden wirst   25
du klug werden." Die Mutter gab ihm einen Kuchen, der war mit Wasser in
der Asche gebacken, und dazu eine Flasche saures Bier. Als er in den Wald
kam, begegnete ihm gleichfalls das alte graue Männchen, grüßte ihn und
sprach: „Gib mir ein Stück von deinem Kuchen und einen Trunk aus deiner
Flasche, ich bin so hungrig und durstig." Antwortete der Dummling: „Ich   30
habe aber nur Aschenkuchen und saures Bier, wenn dir das recht ist, so
wollen wir uns setzen und essen." Da setzten sie sich, und als der Dummling seinen Aschenkuchen herausholte, so war's ein feiner Eierkuchen, und
das saure Bier war ein guter Wein. Nun aßen und tranken sie, und danach
sprach das Männlein: „Weil du ein gutes Herz hast und von dem Deinigen   35
gerne mitteilst, so will ich dir Glück bescheren. Dort steht ein alter Baum,
den hau ab, so wirst du in den Wurzeln etwas finden." Darauf nahm das
Männlein Abschied.

Der Dummling ging hin und hieb den Baum, und wie er fiel, saß in den
Wurzeln eine Gans, die hatte Federn von reinem Gold. Er hob sie heraus,   40
nahm sie mit sich und ging in ein Wirtshaus, da wollte er übernachten. Der
Wirt hatte aber drei Töchter, die sahen die Gans, waren neugierig, was das
für ein wunderlicher Vogel wäre und hätten gar gern eine von seinen goldenen Federn gehabt. Die älteste dachte: ‚Es wird sich schon eine Gelegenheit
finden, wo ich mir eine Feder ausziehen kann.' Und als der Dummling ein-   45
mal hinausgegangen war, faßte sie die Gans beim Flügel, aber Finger und

Hand blieben ihr daran fest hängen. Bald danach kam die zweite und hatte
keinen andern Gedanken, als sich eine goldene Feder zu holen; kaum aber
hatte sie ihre Schwester angerührt, so blieb sie fest hängen. Endlich kam
50 auch die dritte in gleicher Absicht: Da schrien die andern: „Bleib weg, ums
Himmels willen, bleib weg." Aber sie begriff nicht, warum sie wegbleiben
sollte, dachte: ‚Sind die dabei, so kann ich auch dabei sein', und sprang her-
zu, und wie sie ihre Schwester angerührt hatte, so blieb sie an ihr hängen.
So mußten sie die Nacht bei der Gans zubringen.

55 Am andern Morgen nahm der Dummling die Gans in den Arm, ging fort
und bekümmerte sich nicht um die drei Mädchen, die daran hingen. Sie
mußten immer hinter ihm drein laufen, links und rechts, wie's ihm in die
Beine kam. Mitten auf dem Felde begegnete ihnen der Pfarrer, und als er
den Aufzug sah, sprach er: „Schämt euch, ihr garstigen Mädchen, was lauft
60 ihr dem jungen Bursch durchs Feld nach, schickt sich das?" Damit faßte er
die jüngste an die Hand und wollte sie zurückziehen; wie er sie aber an-
rührte, blieb er gleichfalls hängen und mußte selber hinterdrein laufen.
Nicht lange, so kam der Küster daher, und sah den Herrn Pfarrer, der drei
Mädchen auf dem Fuße folgte. Da verwunderte er sich und rief: „Ei, Herr
65 Pfarrer, wo hinaus so geschwind? Vergeßt nicht, daß wir heute noch eine
Kindtaufe haben", lief auf ihn zu und faßte ihn am Ärmel, blieb aber auch
fest hängen. Wie die fünf so hintereinander hertrabten, kamen zwei Bauern
mit ihren Hacken vom Feld; da rief der Pfarrer sie an und bat, sie möchten
ihn und den Küster losmachen. Kaum aber hatten sie den Küster angerührt,
70 so blieben sie hängen und waren ihrer nun siebene, die dem Dummling mit
der Gans nachliefen.

Er kam darauf in eine Stadt, da herrschte ein König, der König hatte eine
Tochter, die war so ernsthaft, daß sie niemand zum Lachen bringen konnte.
Darum hatte er ein Gesetz gegeben, wer sie könnte zum Lachen bringen,
75 der sollte sie heiraten. Der Dummling, als er das hörte, ging mit seiner Gans
und ihrem Anhang vor die Königstochter, und als diese die sieben Menschen immer hintereinander herlaufen sah, fing sie überlaut an zu lachen
und wollte gar nicht wieder aufhören. Da verlangte sie der Dummling zur
Braut, aber dem König gefiel der Schwiegersohn nicht, er machte allerlei
80 Einwendungen und sagte, er müßte ihm erst einen Mann bringen, der einen
Keller voll Wein austrinken könnte. Der Dummling dachte an das graue
Männchen, das könnte ihm wohl helfen, ging hinaus in den Wald, und auf
der Stelle, wo er den Baum abgehauen hatte, sah er einen Mann sitzen, der
machte ein ganz betrübtes Gesicht. Der Dummling fragte, was er sich so zu
85 Herzen nehme. Da antwortete er: „Ich habe so großen Durst, und kann ihn

nicht löschen, das kalte Wasser vertrage ich nicht, ein Faß Wein habe ich zwar ausgeleert, aber was ist ein Tropfen auf einen heißen Stein?" – „Da kann ich dir helfen", sagte der Dummling, „komm nur mit mir, du sollst satt haben." Er führte ihn darauf in des Königs Keller, und der Mann machte sich über die großen Fässer, trank und trank, daß ihm die Hüften weh taten, und 90 ehe ein Tag herum war, hatte er den ganzen Keller ausgetrunken. Der Dummling verlangte abermals seine Braut, der König aber ärgerte sich, daß ein schlechter Bursch, den jedermann einen Dummling nannte, seine Tochter davontragen sollte, und machte neue Bedingungen: er müßte erst einen Mann schaffen, der einen Berg voll Brot aufessen könnte. Der Dummling 95 besann sich nicht lange, sondern ging gleich hinaus in den Wald; da saß auf demselben Platz ein Mann, der schnürte sich den Leib mit einem Riemen zusammen, machte ein grämliches Gesicht und sagte: „Ich habe einen ganzen Backofen voll Raspelbrot gegessen, aber was hilft das, wenn man so großen Hunger hat, wie ich; mein Magen bleibt leer, und ich muß mich nur 100 zuschnüren, wenn ich nicht Hungers sterben soll." Der Dummling war froh darüber und sprach: „Mach dich auf und geh mit mir, du sollst dich satt essen." Er führte ihn an den Hof des Königs, der hatte alles Mehl aus dem ganzen Reich zusammenfahren und einen ungeheuren Berg davon backen lassen. Der Mann aber aus dem Walde stellte sich davor, fing an zu essen, und 105 in einem Tag war der ganze Berg verschwunden. Der Dummling forderte zum drittenmal seine Braut, der König aber suchte noch einmal Ausflucht und verlangte ein Schiff, das zu Land und zu Wasser fahren könnte. „Sowie du aber damit angesegelt kommst", sagte er, „so sollst du gleich meine Tochter zur Gemahlin haben." Der Dummling ging geradewegs in den 110 Wald, da saß das alte graue Männlein, dem er seinen Kuchen gegeben hatte, und sagte: „Ich habe für dich getrunken und gegessen, ich will dir auch das Schiff geben; das alles tu ich, weil du barmherzig gegen mich gewesen bist." Da gab er ihm das Schiff, das zu Land und zu Wasser fuhr, und als der König das sah, konnte er ihm seine Tochter nicht länger vorenthalten. Die 115 Hochzeit ward gefeiert, nach des Königs Tod erbte der Dummling das Reich und lebte lange Zeit vergnügt mit seiner Gemahlin.

Beide setzen sich auf den Boden gegenüber. Der Dummling packt aus. Zum Vorschein kommen die (großen) Formen von Wein und Kuchen, dazu zwei Becher (Pappformen). Der Dummling gießt Wein in die Becher. Beide trinken und nehmen pantomimisch vom Kuchen. Zum Schluß bedankt sich das Männlein (Händedruck) und zeigt auf den Baum am Bildrand (Kulisse). Das Männlein geht aus dem Bild. Der Dummling nimmt die Axt und schlägt gegen den Baum. Er zieht eine Gans hervor (Pappform). Mit der Gans unter dem Arm geht er aus dem Bild.

Personen:

Erzähler/Leser – Vater – Mutter – Ältester Sohn – Zweiter Sohn – Dummling – Graues Männlein – 3 Wirtstöchter – Pfarrer – Küster – 2 Bauern – König – Prinzessin – Mann – 2 Helfer

Vorschläge für die Zeichnungen der Kulissen und die Umrisse der Pappformen finden sich auf den S. 131 ff.

1. Szene: Zeilen 4–5/Kulisse 1 (Haus)
Die Mutter am Bildrand übergibt dem Sohn Wein und Kuchen (Pappformen). Er verstaut beides im Rucksack. Mit der Axt (Pappform) und dem Rucksack auf dem Rücken geht der Sohn aus dem Bild.

2. Szene: Zeilen 5–14/Kulisse 2 (Wald)/Geräusch: Vogelzwitschern
Der Sohn kommt vom Bildrand. Von der anderen Seite tritt ihm das Männlein in den Weg. Das Männlein verschwindet aus dem Bild. Der Sohn schlägt mit der Axt gegen einen Baum, verletzt sich an der Hand und läuft aus dem Bild.

3. Szene: Zeilen 15–16/Kulisse 1 (Haus)
Spiel wie Szene 1 mit zweitem Sohn.

4. Szene: Zeilen 16–22/Kulisse 2 (Wald)/Geräusch: Vogelzwitschern
Spiel wie Szene 2; am Ende der Szene verletzt sich der Sohn am Bein und wird von zwei Helfern aus dem Bild getragen.

5. Szene: Zeilen 22–27/Kulisse 1 (Haus)
Vater und Dummling stehen sich gegenüber. Der Dummling zeigt eine bittende Haltung. Der Vater zuckt mit den Achseln. Er wechselt den Platz mit der Mutter, die dem Dummling Aschenkuchen und saures Bier (2 Pappformen, im Unterschied zu Wein und Kuchen der ersten Szenen kleiner) gibt.

6. Szene: Zeilen 27–34/Kulisse 2 (Wald)/Geräusch: Vogelzwitschern
Der Dummling begegnet dem Männlein. Das Männlein bittet um Essen und Trinken wie in Szenen 2 und 4. Bejahende Geste des Dummlings.

7. Szene: Zeilen 45–54/Kulisse 3 (Wirtshaus)
Die Gans ist mit Klebestreifen an der Leinwand befestigt. Die erste Wirtstochter kommt und berührt sie vorsichtig. Sie bleibt hängen und streift dabei die Gans von der Leinwand ab. Sie versucht vergeblich, von der Gans loszukommen. Die zweite Tochter kommt. Trotz der Warnungen der ersten faßt sie diese bei der freien Hand und hängt ebenfalls fest. Ebenso ergeht es der dritten Tochter.

8. Szene: Zeilen 55–71/Kulisse 4 (Feld mit Kirche)
Der Dummling zieht mit der Gans und den anhängenden Wirtstöchtern zweimal über die Bildfläche. Nacheinander erscheinen dann Pfarrer, Küster und zwei Bauern. Alle vier bleiben trotz warnender Gesten ebenfalls hängen.

9. Szene: Zeilen 72–81/Kulisse 5 (Schloß)/Geräusch: feierliche Musik
Die Königstochter sitzt mit gesenktem Kopf auf einem Stuhl. Der Dummling kommt mit der Gans unter dem Arm und den anhängenden Personen zweimal vorbei. Die Königstochter lacht. Sie läuft weg. Der König kommt. Der Dummling weist in Richtung der Prinzessin. Der König schüttelt den Kopf. Er macht die Geste des Trinkens.

10. Szene: Zeilen 84–91/Kulisse 2 (Wald)/Geräusch: Vogelzwitschern
An der Seite sitzt der Mann und trinkt aus einem Faß (Pappform). Der Dummling kommt hinzu. Auf seine fragende Geste hin nickt der Mann. Der Dummling packt ihn an der Hand und zieht ihn hinter sich her aus dem Bild. Zeilen 89 bis 91 werden während des Szenenwechsels gelesen.

11. Szene: Zeilen 91–95/Kulisse 5 (Schloß)/Geräusch: feierliche Musik
König und Dummling stehen sich gegenüber. Die Prinzessin steht hinter dem König. Der Dummling weist fragend auf die Prinzessin. Der König verneint und zeigt ein Brot (Pappform). Der Dummling geht.

12. Szene: Zeilen 96–106/Kulisse 2 (Wald)/Geräusch: Vogelzwitschern
Am Bildrand sitzt der Mann und ißt vom Brot (Pappform). Der Dummling kommt hinzu. Er zeigt eine fragende Geste. Der Mann nickt. Der Dummling faßt ihn bei der Hand und führt ihn aus dem Bild. Zeilen 103 bis 106 werden während des Szenenwechsels gelesen.

13. Szene: Zeilen 106–107/Kulisse 5 (Schloß)/Geräusch: feierliche Musik
Spiel wie 11. Szene. Ablehnende Haltung des Königs.

14. Szene: Zeilen 108–117/Kulisse 5 (Schloß) bleibt
Zeilen 108 bis 117 werden während des Szenenwechsels gelesen. Der König und die Prinzessin stehen am Bildrand. Von der anderen Seite tritt mit einem Schiff (Pappform) der Dummling auf. Die Prinzessin „steigt ein". Beide „fahren" zum letzten Satz des Märchens aus dem Bild.

Die häufigen Szenenwechsel sind unvermeidlich, wenn das Märchen unverändert gelesen werden soll. Es ist daher darauf zu achten, daß die einzelnen Szenen nicht zu knapp gespielt werden und die Übergänge reibungslos und rasch vollzogen werden. Vogelzwitschern (im Handel erhältlich auf Schallplatten oder CDs) und Musik (Barockmusik, vielleicht Beginn eines Trompetenkonzerts) sollen nicht während der ganzen Szene eingespielt werden, sondern nur zur Einstimmung. Sie tragen zum ruhigen Ausspielen der einzelnen Bilder bei.

Der Erzähler sitzt vor dem Publikum rechts oder links von der Leinwand. So kann er das Geschehen selbst mitverfolgen und das Lesetempo anpassen. Für diese Aufgabe sollte ein Kind gewählt werden, das zum ausdrucksvollen Lesen in der Lage ist. Es bietet sich auch die Möglichkeit an, den Text passagenweise abwechselnd von mehreren Kindern lesen zu lassen. Bei einem größeren Zuschauerkreis ist eine Mikrofonverstärkung angeraten. Dann ist auch zu prüfen, ob die Leinwand und damit die Spielfläche erhöht werden kann (Aufstellung auf einem Podest oder einer Bühne). Als Beleuchtungsquelle dient ein OH-Projektor. Die Kulissen werden gemäß den abgedruckten Abbildungen vergrößert auf OH-Folien aufgezeichnet. Der Szenenwechsel erfolgt durch Abschalten und Wechsel der Folien. Die Requisiten können den abgebildeten Zeichnungen nachgestaltet werden. Sie werden vergrößert auf festen, schwarzen Karton gezeichnet und ausgeschnitten.

Die Personen werden typisiert ausgestaltet. König und Prinzessin tragen Kronen; das Männlein ist bucklig und trägt einen langen Bart. Die Probenarbeit ist durch den Szenenaufbau vorstrukturiert. Zunächst wird die Haltung und der Ausdruck der einzelnen Personen und ihr Zusammenspiel in den einzelnen Szenen herausgearbeitet. Dabei werden die Requisiten von Anbeginn einbezogen. Die weitere Probenarbeit stellt die Koordination zwischen Erzählerbericht, Schattenspiel und technischen Abläufen her.

Die umfangreiche Personenliste läßt viele Kinder zum Spielen kommen. Die anderen werden als Bühnenhelfer eingesetzt (Bedienung des Projektors, Wechsel der Folien, Bereithaltung der Requisiten u. a.). Weitere Hinweise zum Schattenspiel bei REINHARDT 1986.

Anmerkungen zum Puppenspiel

Hinweise zum Anfertigen der verschiedenen Puppenarten und -bühnen finden sich in allgemeinen Veröffentlichungen zum szenischen Spiel und in der auf diese Spielform spezialisierten Literatur. Die Möglichkeiten reichen von einfachen Fingerpuppen bis zu komplizierten Marionetten.

In der Praxis dürfte am häufigsten mit den Hand- oder Kasper-Puppen gespielt werden. Dazu bedarf es keiner aufwendigen Bühne.

Beispiele:

Eine zwischen zwei Kartenständern gespannte Decke; zwei aufeinander gestellte Schülertische, wobei der oberste mit der Sitzfläche zum Publikum gedreht wird; ein zwischen den aufgeklappten Tafelhälften gespanntes Tuch; ein in einer Zwischentür gespanntes Tuch.

Die notwendige Sprachverwendung rückt das Puppenspiel in die Nähe der Sprechspiele. Analog zur oben wiederholt zum Ausdruck gebrachten Auffassung ist eine gründliche Vorbereitung der Kinder auf die Szenen einschließlich technischer Hinweise zur richtigen Führung der Puppen unerläßlich.

Anmerkungen zum Schminken und zum Spiel mit Masken

Theatergemäßes Schminken ist beim szenischen Spiel der Kinder kaum erforderlich. Bei den Stegreifspielen erübrigt es sich ohnehin, und für verzichtbar halte ich es auch bei Theateraufführungen, die in den seltensten Fällen professionell ausgeleuchtet sind – ausgenommen natürlich besondere Effekte, die durch Einzelrollen vorgegeben sein können.

Anders verhält es sich mit dem Schminken, das maskenähnlich auf die Gesichtsverwandlung zielt (s. THALHEIM 1989). Erforderlich dafür sind ein Schminkkoffer und Grundkenntnisse.

Insbesondere bei pantomimischen Spielen, auch bei Singspielen, bei denen es auf Typisierungen oder phantasievolle Personengestaltungen ankommt, kann eine gut aufgetragene Schminkmaske erforderlich werden.

Für das Spiel mit Masken bieten sich (wie beim Puppenbau) zur Herstellung von Masken fächerübergreifende Unterrichtsvorhaben an. Es gibt viele Vorschläge für Masken, die von den Kindern ohne großen Aufwand und mit einfachen Hilfsmitteln gebastelt werden können, z. B. Papiermasken (s. SEITZ 1986).

6. Hilfen und Anregungen

Zu beachten ist die zweideutige Verwendung des Begriffs „Kindertheater". Verlage, die Kinderliteratur anbieten, verstehen darunter in der Regel Stücke, die für professionelle Bühnen oder Amateurtheater gedacht sind, von Erwachsenen gespielt werden und sich an Kinder oder Jugendliche richten. Sie sind für den Lehrer oder die Lehrerin, die sich mit dem szenischen Spiel von Kindern befassen wollen, weniger verwendbar, doch kann eine Information über die Angebote nichts schaden, da sich daraus durchaus Impulse für das Spiel in der Schule ergeben können.

Kindertheater, verstanden als Theater von und mit Kindern für Kinder und Erwachsene, firmiert häufiger unter dem Begriff „Darstellendes Spiel". Fertige Stücke für von Kindern gespieltes Theater können (auch Ansichtssendungen) bei folgenden Verlagen bestellt werden:

- Bärenreiter-Spieltexte im Verlag Otto Teich (Prospekte und Lieferung durch die Theaterbuchhandlung A. H. Fiedler, Postfach 43 30, 6100 Darmstadt, Tel. 0 61 51 – 8 41 20)
- Dr. Heinrich Buchner Verlag, Verlag Spiel und Text, Postfach 11 47, 8033 Krailling vor München (Tel. 0 89 – 8 57 18 38)
- Deutscher Theaterverlag, Postfach 10 02 61, 6940 Weinheim (Tel. 0 62 01 – 5 10 61)
- Grafenstein Verlag, Thuillestr. 9, 8000 München 60 (Reihe „Theater für Kinder und Jugendliche"/keine Ansichtssendungen)

Spielideen finden sich regelmäßig in den einschlägigen pädagogischen Zeitschriften. Die folgenden Hefte von Grundschulzeitschriften haben sich in den vergangenen Jahren besonders intensiv mit den Fragen des darstellenden Spiels befaßt:

- Grundschule 4/85: Darstellendes Spiel
- Grundschule 7/8/86: Kindertheater
- Grundschule 7/8/89: Theater & Literatur für Kinder
- Praxis Grundschule 1/1991: In einem süßen Land. Darstellendes Spiel in der Grundschule
- Lehrerjournal Grundschulmagazin 12/1991: Theater spielen

Publikationen mit vielfältigen Spielen für die Arbeit mit Gruppen und mit Anregungen für Gruppenleiter/innen (allerdings keine Stücke) sind zu beziehen über den Robin-Hood-Versand, Küppelstein 36, 5630 Remscheid 1 (Tel. 0 21 91 – 79 42 42).

Theaterutensilien der unterschiedlichsten Art bietet an: Pappnase & Co, Gluckstr. 67, 2000 Hamburg 67 (Tel. 0 40 – 2 98 30 54).

Weitere Anregungen für Szenen oder Stücke können den in der Literaturliste (S. 117 ff.) aufgeführten Publikationen entnommen werden.

Nachfolgend einige Adressen für Tips, Informationen, Spielberatung (teilweise werden auch Kurse und Lehrgänge für Spielleiter/innen angeboten) im Bereich des Amateurtheaters, zu dem auch das Schulspiel zu rechnen ist:

- Bundesarbeitsgemeinschaft für das Darstellende Spiel in der Schule e. V. Elinor Lippert, Hauptstr. 51, 8901 Horgau (Tel. 0 82 94 – 16 57) Zusammenschluß der in den einzelnen Bundesländern tätigen Landesarbeitsgemeinschaften für Darstellendes Spiel und Schultheater
- Bundesarbeitsgemeinschaft Spiel und Theater e. V., c/o Klaus Hoffmann, Evangelische Medienzentrale, Archivstr. 3, 3000 Hannover 1 (Tel. 05 11 – 1 24 14 99)
- Arbeitsgemeinschaft Spiel in der Evangelischen Jugend in der Bundesrepublik Deutschland e. V., c/o Erich Schriever, Amt für Jugendarbeit der EKvW, Haus Villigst, 5840 Schwerte, Iserlohner Str. 25 (Tel. 0 23 04 – 75 51 85)
- Arbeitskreis der Landesarbeitsgemeinschaften für Darstellendes Spiel e. V., c/o Ev. Medienzentrale, Archivstr. 3, 3000 Hannover 1 (Tel. 05 11 – 1 24 14 32)
- Bund Deutscher Amateurtheater e. V., Bundesgeschäftsstelle, Waiblinger Weg 12, 7920 Heidenheim (Tel. 0 73 21 – 5 07 63)
- Katholische Arbeitsgemeinschaft Spiel und Theater e. V., c/o Raimund Girzalsky, Am Gräfenhof 22, 5000 Köln 91 (Tel. 02 21 – 84 02 17) Die KAST führt in jedem Jahr in der Woche nach Ostern eine Werkwoche „Forum" durch, auf der unterschiedliche Arbeitsgruppen, z. B. zur Pantomime, zum Spiel mit Marionetten, zur Licht- und Tontechnik, zum Schminken und Maskenbilden, zur Regie usw. angeboten werden.
- Rheinische Arbeitsgemeinschaft Spiel und Theater, c/o Horst Michaelis, Hauptstr. 276, 4150 Krefeld (Tel. 0 21 51 – 54 15 96)

Einzelne Diözesen unterhalten Spielberatungsstellen:

- Spielberatung der Diözese Mainz, Erbacher Hof, Grebenstr., 6500 Mainz 1
- studio theater stuttgart, Stafflenbergstr. 46, 7000 Stuttgart 1

- Beratungsstelle für Spiel und Freizeit, Ohmstr. 77, 5000 Köln 90
- Beratungsstelle für Schulen und Amateurtheater, Katholische Fachstelle für Gestaltung, Schwalbacher Str. 72, 6200 Wiesbaden (Tel. 06 11 – 59 84 44)

Konfessionell angebundene Initiativen oder Beratungsstellen sind mit ihren Angeboten grundsätzlich für alle Interessenten offen.

Informationen über **Kinder- und Jugendtheater** sind erhältlich bei:

- Assitej e. V. (Sektion Bundesrepublik Deutschland), Schützenstr. 12, 6000 Frankfurt am Main 1 (Tel. 0 69 – 29 15 38)
  Sie gibt ein Jahrbuch für Kinder- und Jugendtheater „Grimm & Grips" heraus, das eine Bibliographie von Beiträgen zum Kinder- und Jugendtheater, Adressen und allgemeine Informationen zum Thema enthält.
- Das Kinder- und Jugendtheaterzentrum in der Bundesrepublik Deutschland mit derselben Adresse (Tel. 0 69 – 29 66 61)
  (Rechtsträger Assitej) unterhält eine Präsenzbibliothek mit etwa 800 Stücken zum Kinder- und Jugendtheater.
- Eine Anthologie mit Kindertheaterstücken „Spielplatz" (hrsg. v. Marion Victor) gibt jährlich der Verlag der Autoren, Savignystr. 63, 6000 Frankfurt am Main 1 (Tel. 0 69 – 74 25 67) heraus. Im Verlagsangebot gibt es auch eine weitere (schmale) Auswahl an Stücken für das Kinder- und Jugendtheater.
- Eine Auswahl an Kinder- und Jugendtheaterstücken bietet auch der Textor Theaterverlag, Moserstr. 6, 6100 Darmstadt (Tel. 0 61 51 – 4 89 11) an.

7. Literatur

Die nachfolgende Literaturliste enthält neben den Publikationen, die für meine Arbeit Anregungen gaben, weitere Titel von Büchern und Aufsätzen, denen zusätzliche Ideen und Entwürfe für Etüden, Szenen oder Stücke zu entnehmen sind.

1. Anregungen für das szenische Spielen in der Grundschule
Die aufgeführten Titel enthalten didaktisch-methodische Anregungen, Spielideen und Vorschläge für Stegreifspiele.

DAUBLEBSKY, BENITA: Spielen in der Schule, Stuttgart ³1975
GUDER, RUDOLF: Spielen in der Grundschule. Heft 1: Spiele im Sitzkreis, Heft 2: Schulfest im Freien, Heft 3: Kontakt- und Verständigungsspiele, Weinheim 1983
GUDJONS, HERBERT: Spielbuch Interaktionserziehung. 180 Spiele und Übungen zum Gruppentraining in Schule, Jugendarbeit und Erwachsenenbildung, Bad Heilbrunn ²1982
HANISCH, ROLF/GUDER, RUDOLF: Darstellendes Spiel mit Kindern. Die Arbeit mit dem Textspiel in Grundschule und Kindergruppe, Weinheim 1985
HANISCH, ROLF/GUDER, RUDOLF: Darstellendes Spielen mit Kindern. Band 2: Die freie Spielarbeit, Weinheim 1989
KOHL, RÜDIGER: Theater zum Aufwärmen. Theaterspielen in 15 Lernschritten, Niederzier 1988
LAIMGRUBER, MONIKA: Komm, spiel mit mir Theater, Zürich und München 1980
LENZEN, KLAUS-DIETER: Theater macht Schule. Schule macht Theater. Werkstattberichte, Theorie und praktische Hinweise. Arbeitskreis Grundschule e. V., Frankfurt am Main 1990
REGELEIN, SYLVIA: Lernspiele für die Grundschule, Rothenburg o. d. T. ⁷1987
REGELEIN, SYLVIA: Vorbereitung und Förderung des darstellenden Spiels. In: Grundschulmagazin 1/1981, S. 9–12
RUNKEL, INGRID: Darstellen-Proben-Aufführen, Regensburg 1990
SEIDEL, GÜNTER: Spiel ohne Probe. Stegreifspiele mit Kindern von 1–12, München 1989
SEITZ, RUDOLF, (Hrsg.): Masken. Bau und Spiel, München ³1986
Schauspiel-Theater in der Grundschule. Verlag für Unterrichtsmedien Böttinger, Wuppertal o. J.
THALHEIM, YVONNE/NADOLNY, HARALD: Schminken für Kinder, Niedernhausen 1989
VOPEL, KLAUS W.: Interaktionsspiele für Kinder, Hamburg ²1980
ZIEGENSPECK, JÖRG: Spielen in der Schule (Beihefte zum BIB-Report, Heft 13), Duisburg 1980
ZITZELSPERGER, HELGA: Kinder spielen Märchen. Schöpferisches Ausgestalten und Nacherleben, Weinheim und Basel ³1989

Die folgenden Titel sind eher für das Spiel mit älteren Kindern geeignet, enthalten aber auch Ideen und Hinweise, die für die Grundschule Verwendung finden können.

HIELSCHER, HANS: Spielen mit Eltern. Eltern aktivieren – mit Eltern spielen, Heinsberg 1984

KÜBLER, HANS-DIETER/KUNTZ, STEFAN/MELCHERS, CHRISTOPH B.: Angst wegspielen. Mitspieltheater in der Medienerziehung, Opladen 1987

SCHRIEVER, ERICH/WEHMEIER, ULRICH: Theaterwerkstatt. Von der Idee zur Szene. Wege zum Einstieg. (Hrsg.: Gesellschaft zur Entwicklung sozialpädagogischer Praxismodelle, GPM), Düsseldorf 1989

SCHRIEVER, ERICH/WEHMEIER, ULRICH: Spielwerkstatt. Aktion Erfahrungswelt. Spiel und Phantasie, Düsseldorf 1989

SEIBOLD, PETER: Wege nach außen. In: Praxis und Psychomotorik 4/1988, S. 172–177

SPOLIN, VIOLA: Improvisationstechniken für Pädagogik, Therapie und Theater. Paderborn ³1987

Aus der Reihe „theater spiel", hrsg. v. d. Rheinischen Arbeitsgemeinschaft für Spiel und Amateurtheater:

Band 1: Protokolle, Aachen 1984

Band 2: Protokolle (zusammengestellt v. Helena Siemes), Aachen 1985

Band 3: REUMONT, ALEXANDER VON: Ein kreativer Versuch, Aachen 1985

Band 4: VOSS, KARL: Theater Selbermachen. Ein erster Schritt. Übungsvorschläge für alle, die Lust haben, einen Theaterkurs selbst zu gestalten, Aachen 1986

Band 5: SEGER, ADALBERT: Maskenbilden und Schminken für Amateurtheater und Laienspiel, Aachen 1986

Band 6: MICHAELIS, HORST/NIEDENFÜHR, JÜRGEN: Spielideen, Aachen 1988.

Band 8: HEFFT, GÜNTER: Das Spielleiterhandbuch. Wie Romeo und Julia nie spielen sollten, Aachen 1991

THIERSEN, PETER: Drauflosspieltheater. Ein Spiel- und Ideenbuch für Kindergruppen, Hort, Schule, Jugendarbeit und Erwachsenenbildung mit über 350 Spielanregungen, Weinheim und Basel 1990

2. Anregungen für Textspiele

Die Publikationen enthalten kurze Spielstücke und Sketche oder Texte, die als Vorlage für eigene Dramatisierungen genutzt werden können.

CLARK, MARGRET/VOCKE CHARLOTTE: Löwe, Hase u. Co. 27 Geschichten aus dem Reich der Fabeln neu erzählt von Tilde Michels, München 1991

FASSBENDER, KURT/KOHL, RÜDIGER: 33 Blackouts, Niederzier ³1989

GELLERMANN, HILDE: Dreimal kurz gelacht. 10 fachbezogene Theaterstücke ab Klasse 4, Lichtenau-Scherzheim 1989

KRAUSE, INGELORE UND HEINZ: Das Gespenst im Keller. 15 Kindertheaterstücke im Jahresverlauf, Seelze 1985

KRENZER, ROLF: Wir spielen Theater. Band 1: Für Kinder von 3 bis 10 Jahren, Lahr ³1986

KRENZER, ROLF: Wir spielen Theater. Band 2: Für Kinder von 3 bis 10 Jahren, Lahr ³1987

LIETZ, URSULA/LANGE, ULRIKE: Lustige Sketche. Kurze Theaterstücke für Jungen und Mädchen, Niedernhausen 1988

LINDENMEIER, ANDREAS: Theaterspiel mit Spaß, Lichtenau-Scherzheim o. J.

MÜLLER, ELSE: Du spürst unter deinen Füßen das Gras. Autogenes Training in Phantasie- und Märchenreisen. Vorlesegeschichten, Frankfurt am Main 1983

MÜLLER, ELSE: Auf der Silberlichtstraße des Mondes. Autogenes Training mit Märchen zum Entspannen und Träumen, Frankfurt am Main 1985
NAEGELE, INGRID/HAARMANN, DIETER (Hrsg.): Darf ich mitspielen? Kinder verständigen sich in vielen Sprachen – Anregungen zur interkulturellen Kommunikationsförderung, Weinheim und Basel ²1989
RIEDL, FRANZ XAVER: „Komm, spiel mit mir!" 23 Theaterstücke zum Spielen und Lesen für die 1. und 2. Jahrgangsstufe, Puchheim 1989
RIEDL, FRANZ XAVER: „Komm, spiel mit mir!" 20 Theaterstücke zum Spielen und Lesen für die 3. und 4. Jahrgangsstufe, Puchheim o. J.
WÖLFEL, URSULA: Du wärst der Pienek. Spielgeschichten, Spielentwürfe, Spielideen, Kevelaer 1985

3. Anregungen für Pantomime, Schattenspiel und Puppenspiel

BRÄUTIGAM, GABRIELE/MEYER, STEFAN: Schattenspiele für die Grundschule, Donauwörth ³1987
BRODY, VERA: Puppentheater, Spielbuch für Kinder. Puppenfiguren, Kulissen, Spieltexte, Ravensburg 1979
FUGLSANG, MARGIT: Schatten- und Schemenspiele in einer Tischbühne. Anleitungen für die Praxis, Stuttgart 1980
KEYSELL, PAT: Pantomime für Kinder. Über Ausdruck und Körpersprache zum Theaterspiel, Ravensburg 1977
MÜLLER, WERNER: Pantomime. Eine Einführung für Schauspieler, Laienspieler und Jugendgruppen, München ³1988
NFMO: Spaß an Pantomime, Düsseldorf 1985
REINHARDT, FRIEDRICH: Menschen- und Figurenschatten-Spiele. Modelle-Szenen-Experimente, München 1986

8. Anhang: Kopiervorlagen

Kopieren, evtl. vergrößern, ausschneiden, auf Pappkärtchen kleben und mit Folie überziehen

Kopiervorlage 1

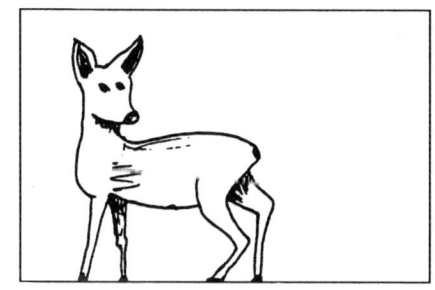

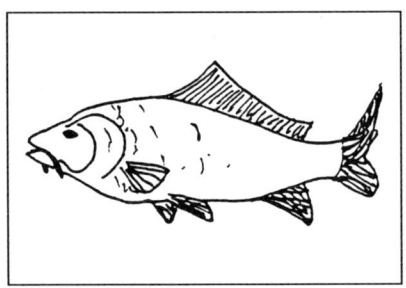 

Baut in der Nähe des Ufers eine Schutzhütte.
Werkzeug dafür habt ihr gerettet.

Baut ein Floß. Werkzeuge dafür habt ihr
gerettet.

Ihr sucht auf der Insel nach etwas Eßbarem.
Ihr findet . . .

Ihr macht ein Feuer, um Euch daran zu
wärmen. Werkzeuge dafür habt ihr gerettet.

lustig

ärgerlich

streng

ängstlich

traurig

wütend

froh

nachdenklich

Kopiervorlage 4

Beschreibe die Person, die Du spielen möchtest, möglichst genau.
Lies erst alle Fragen durch.

Ich heiße . . . .

Ich bin . . . . Jahre alt.

Von Beruf bin ich . . . .

Ich wohne	in der Stadt
	in einem Dorf
	. . . .
Meine Wohnung ist:	in einem Hochhaus
	in einem vierstöckigen Mietshaus
	in einem Reihenhaus
	. . . .
Ich bin verheiratet:	ja
	nein
Ich habe Kinder:	ja, wieviele? . . . .
	nein
Ich bin	oft lustig
	oft schlecht gelaunt
	oft traurig
	ganz ausgeglichen

weil . . . .
(Wenn Du willst, kannst Du eine Begründung geben!)

Das tue ich besonders gerne: . . . .
. . . .

Was es noch über mich zu sagen gibt: . . . .
. . . .
. . . .

Kopiervorlage 5

1	2	3	4
Der … Elefant	mächtige	stapft	durch den Urwald
Die … Eisenbahn	alte	rattert	über die Schienen
Die … Tänzerin	berühmte	tänzelt	auf die Theaterbühne
Das … Auto	klapprige	holpert	über das Pflaster
Die … Verkäuferin	eifrige	läuft	durch das Kaufhaus
Der … Bergsteiger	kühne	klettert	durch die Felswand

1	2	3	4
Die … Köchin	dicke	sieht	in den Kochtopf
Die … Sekretärin	vornehme	stöckelt	in das Büro
Der … Fensterputzer	schwindelfreie	steigt	auf die Leiter
Der … Schnellläufer	olympiaverdächtige	rennt	über die Aschenbahn
Der … Fußballtrainer	erboste	brüllt	über den Sportplatz
Die … Maus	vorwitzige	flitzt	ins Mauseloch

1	2	3	4
Das . . . Eichhörnchen	hurtige	springt	auf die Baumäste
Die . . . Amsel	zwitschernde	fliegt	auf das Hausdach
Die . . . Katze	hungrige	schleicht	aus dem Gartentor
Die . . . Kuh	blökende	muht	durch den Stall

Kopiervorlage 6

fröhlich sein	der Schrank	die Rettung
traurig sein	das Fenster	die Hoffnung
ängstlich sein	das Fahrrad	die Flucht
wütend sein	das Buch	das Wiedersehen
müde sein	das Schulheft	die Feier
erstaunt sein	die Tafel	der Abschied
lustig sein	der Schulranzen	das Unglück
albern sein	der Zehnmarkschein	der Gewinn
nachdenklich sein	der Zauberhut	das Erlebnis
gespannt sein	der Apfel	das Wagnis

130

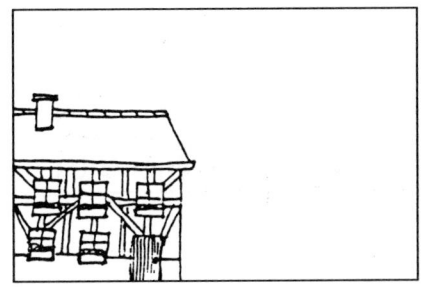

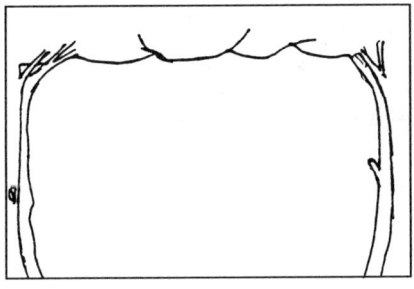

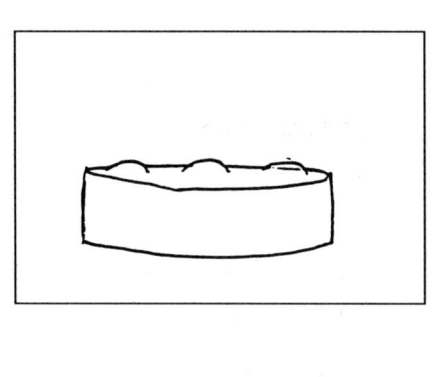

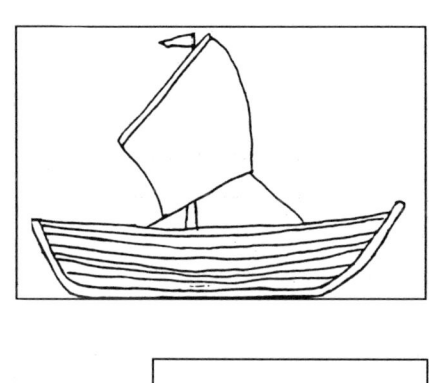

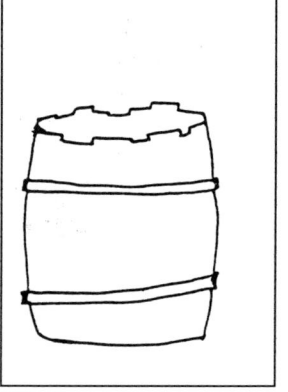